GRÉGORY COHEN

Ma cuisine méditerranéenne

Yalah !

LEDUC

SOMMAIRE

Les viandes
& volailles

Poissons
& fruits de mer

Plats traditionnels
& familiaux

Recettes express
pour les soirs de semaine

Mes plats chouchous
(ré)inventés

Sauces
& condiments

Desserts
& douceurs sucrées

Les boissons

L'ESPRIT DE YALAH :

voyage au cœur de mon bassin méditerranéen

La cuisine levantine, c'est avant tout une histoire de partage. Elle traverse les frontières, les époques et les cultures, pour devenir un langage universel, celui de la convivialité. À chaque bouchée, elle raconte des voyages, des rencontres et des traditions. Pour moi, elle est bien plus qu'une simple cuisine : c'est une véritable source d'inspiration, une invitation à découvrir le monde à travers des saveurs authentiques et généreuses.

Mon lien avec cette cuisine remonte à mes premières expériences culinaires, mais il s'est vraiment renforcé au fil de mes voyages. En parcourant des villes comme Athènes, Tel-Aviv ou Istanbul, j'ai découvert une gastronomie qui ne se limite pas à un territoire. Chaque région, chaque famille, a sa version du houmous, sa manière de cuire le pain pita ou de préparer les falafels. Et pourtant, malgré ces différences, on retrouve un même esprit : celui de rassembler autour d'une table, de partager un repas et de créer des souvenirs.

La cuisine levantine a cette capacité unique de s'infiltrer dans les cœurs et dans les cuisines du monde entier. Elle a inspiré tant de gastronomies modernes, influençant les chefs et les amateurs de cuisine avec ses épices, ses techniques et son approche du repas comme un moment collectif. Qui n'a jamais été émerveillé par un mezzé, cette table débordante de petits plats à partager, où chacun pioche selon ses envies ?

Ce qui m'a toujours fasciné, c'est la diversité qu'elle incarne. La cuisine levantine est à l'image de la région dont elle est issue : un carrefour de cultures, de religions et de traditions. Elle porte en elle les traces des Ottomans, des Perses, des Arabes, des Juifs, des Grecs… Chaque influence a laissé son empreinte, enrichissant cette gastronomie déjà foisonnante. C'est une cuisine vivante, en constante évolution, qui continue d'inspirer le monde entier.

Quand j'ai lancé Yalah, je voulais capturer cet esprit. Le nom lui-même, « Yalah », est une invitation à aller de l'avant, à explorer, à se rassembler. Ce qui m'a motivé, c'est l'idée de recréer ces moments de partage que j'ai vécus en Grèce, en Israël ou en Turquie. Ces instants où, même sans parler la même langue, on se comprend autour d'un plat, le bon n'a pas de frontière. Proposer des plats simples, mais qui ont une âme, qui racontent une histoire, celle d'une cuisine qui unit et rassemble.

Ce qui est beau avec la cuisine levantine, c'est qu'elle ne connaît pas de frontières. Elle voyage le long de la Méditerranée, elle s'adapte, elle infuse dans d'autres cultures. Aujourd'hui, on trouve du houmous à Paris, à New York ou à Casablanca. Mais peu importe où on le déguste, il garde cette essence : celle d'un plat fait pour être partagé.

Je crois que c'est ça le vrai pouvoir de cette cuisine. Elle nous rappelle que, quelles que soient nos origines, nos croyances ou nos différences, nous avons tous cette envie commune de nous retrouver autour d'une table. Elle transcende les barrières culturelles pour créer des moments universels, où tout ce qui compte, c'est le plaisir d'être ensemble.

Pour moi, la cuisine levantine est une leçon d'humanité. Elle nous montre que, même dans un monde divisé, il existe encore des choses qui nous rassemblent. Et quoi de plus simple, de plus universel, que de partager un bon repas ?

Chef
Yalah

LES USTENSILES INDISPENSABLES

Un bon couteau de chef pour toutes les découpes, accompagné d'**une planche solide en bois** et d'**un fusil** pour l'aiguiser.

Une poêle antiadhésive pour cuire sans accrocher et **une casserole avec couvercle** pour les préparations mijotées.

La Maryse, pratique pour racler et mélanger et **le Microplane**, parfait pour zester ou râper.

Le Silpat, tapis de cuisson réutilisable, est idéal pour les pâtisseries et cuissons au four.

Le plat à tajine pour des plats savoureux et aromatiques et **le couscoussier** pour cuire à la vapeur ou préparer un couscous parfait.

Ajoutez des **bols de préparation** en verre ou en Inox, **une cuillère en bois** pour remuer sans abîmer, et **un fouet** pour mélanger ou battre.

LES INGRÉDIENTS PHARES ET LES ÉPICES

Impossible d'évoquer la cuisine levantine sans parler des **pois chiches** et des **lentilles**, qui se transforment en houmous, en falafels ou en savoureux ragoûts. Les **aubergines**, elles, sont souvent grillées ou confites, apportant une texture fondante et un goût délicieusement fumé. Le **blé concassé** (boulgour) et le **riz** forment la base des accompagnements, toujours généreux et parfumés.

Les **herbes fraîches** jouent un rôle essentiel. Le **persil** est roi dans le taboulé, tandis que la **coriandre** parfume les soupes, les sauces et les plats mijotés. La **menthe**, elle, apporte une touche de fraîcheur idéale dans les salades et les boissons.

Côté épices, le **zaatar** est sans doute l'incontournable absolu. Ce mélange de thym, de sumac et de graines de sésame se glisse partout : sur le pain, dans les marinades ou simplement saupoudré sur du labneh. Le **sumac**, avec son acidité subtile, relève les plats d'une touche originale. Quant au **cumin** et à la **cannelle**, ils apportent chaleur et profondeur, aussi bien dans les préparations salées que sucrées.

Les **graines de sésame**, souvent transformées en tahini, sont indispensables pour le houmous et les sauces. Les **pignons de pin** et les **amandes grillées** ajoutent une note croquante et une richesse subtile aux plats.

Enfin, **l'huile d'olive**, véritable or liquide, est omniprésente : pour la cuisson, l'assaisonnement ou simplement pour sublimer un plat en touche finale. Elle s'accorde à merveille avec le **citron**, cet ingrédient phare qui apporte une acidité lumineuse et équilibrée.

Avec ces saveurs authentiques, la cuisine levantine célèbre la simplicité, le partage et le plaisir du goût, transportant les papilles en Méditerranée à chaque bouchée.

Mezzés

& petits plats à partager

Préparation : 20 min
(en étant méga large)

Cuisson : aucune si tu utilises
des pois chiches en conserve

Pour 6 à 8 personnes

Le houmous, cette délicieuse crème de pois chiches, est bien plus qu'un simple plat. C'est un vrai voyage gustatif au cœur du Levant. Dans chaque maison, de Jérusalem à Beyrouth, on y met sa touche personnelle, un petit secret bien gardé transmis de génération en génération. Aujourd'hui, je partage avec toi ma version facile à réaliser et pleine de saveurs.

LE HOUMOUS

et ses variations

Les ingrédients magiques

400 g de pois chiches cuits
2 gousses d'ail épluchées
1 cuil. à café de sel fin
120 g de tahini
Le jus de **2** citrons jaunes bio
80 ml d'eau glacée
60 ml d'huile d'olive extra-vierge

Pour le dressage

Huile d'olive extra-vierge
Paprika fumé
Cumin moulu
Pignons de pin torréfiés (ou quelques pois chiches)
Persil plat frais

LA RECETTE

Les pois chiches

Rince-les bien sous l'eau froide. Si tu veux un houmous incroyablement lisse (et que tu as un peu de patience), épluche-les en enlevant leur fine peau. Effet garanti !

L'ail

Dans un mixeur ou un blender, mixe l'ail avec le sel pour obtenir une pâte fine. Cette astuce permet à l'ail de bien s'intégrer dans la recette.

Le tahini et le citron

Ajoute le tahini et le jus de citron. Mixe pendant 30 secondes. Le mélange devient plus crémeux et clair, une magie qui opère sous tes yeux.

Les pois chiches et l'eau glacée

Incorpore les pois chiches en plusieurs fois, en mixant entre chaque ajout. Verse l'eau glacée petit à petit pour obtenir une texture légère et soyeuse.

La touche finale

Pendant que le mixeur tourne, ajoute l'huile d'olive en filet. Continue de mixer 3 à 4 minutes pour un houmous parfait.

Le dressage qui en jette

Sors un joli bol. Avec le dos d'une cuillère, étale le houmous en créant des petites vagues. Fais un puits au centre et verse un généreux filet d'huile d'olive. Saupoudre de paprika fumé et de cumin, parsème de quelques pignons ou pois chiches au centre et de persil ciselé.

Conservation

Conserve le houmous dans un récipient hermétique au réfrigérateur : il se garde jusqu'à 5 jours.

Varie les plaisirs !

Houmous à la betterave : mixe 1 betterave cuite avec la base pour une version rose et légèrement sucrée.
Houmous aux poivrons rôtis : ajoute 2 poivrons grillés et pelés pour un goût fumé irrésistible.
Houmous à l'avocat : incorpore 1 avocat bien mûr pour une texture encore plus onctueuse.

ASTUCES

Avec quoi le servir ?

Avec des pains pitas chauds, des légumes croquants (carottes, concombres, radis) ou même en accompagnement de grillades. Tout simplement parfait pour partager entre amis ou en famille !

Petits secrets de chef

- Utilise des pois chiches à température ambiante pour un meilleur résultat.
- L'eau glacée, c'est la clé pour un houmous bien aérien.

Yalah, on y va !

LE TZATZIKI

qui dompte la chaleur grecque

C'est dans le sud de la France du côté de Ramatuelle, lors d'une canicule mémorable, que mon beau-père Joe m'a sauvé la vie avec ce tzatziki. Il m'a confié en riant qu'en Grèce, il n'avait pas de clim alors : « C'est notre climatisation naturelle depuis des générations. »

Préparation : 15 min

Repos : 2 h minimum

Pour 6 personnes

Les ingrédients magiques

2 concombres bien fermes
1 kg de yaourt grec
2 gousses d'ail épluchées
1 bouquet d'aneth frais
1 bouquet de menthe fraîche
Le jus de **1** citron
1 cuil. à soupe d'huile d'olive
Sel et poivre blanc

Pour le dessus qui croustille

Noix concassées
Pignons de pin dorés
Menthe fraîche
1 filet d'huile d'olive
Sumac moulu (pour la touche orientale)

Les alternatives malignes

Pas de yaourt grec ? Du labneh dilué ou du yaourt filtré
Pas d'aneth ? De la ciboulette
Pas de pignons ? Des amandes effilées grillées
Pas de sumac ? Un zeste de citron râpé

LA RECETTE

La base veloutée

Épluche et râpe les concombres. Sale-les légèrement et laisse dégorger 30 minutes. Presse-les dans un torchon propre (crucial pour la texture !).

Le mélange parfait

Dans un grand bol, fouette le yaourt pour le détendre. Ajoute l'ail écrasé en purée fine. Incorpore les concombres bien essorés. Cisèle finement les herbes. Mélange délicatement.

L'harmonie des saveurs

Assaisonne de sel et de poivre blanc. Ajoute le jus de citron petit à petit. Verse l'huile d'olive. Laisse reposer au frais.

Le dressage qui rafraîchit

Verse le tzatziki dans des bols glacés, parsème de noix et de pignons dorés, ajoute quelques feuilles de menthe, un nuage de sumac et l'huile d'olive à la surface.

Conservation

2 jours au frais, même si les herbes perdent de leur éclat. Préfère les ajouter au dernier moment.

ASTUCES

Les erreurs à éviter

- **Négliger l'essorage des concombres :** le tzatziki nagerait.
- **Trop d'ail :** on n'est pas là pour chasser les vampires.
- **Servir trop froid :** le froid extrême étouffe les saveurs.
- **Oublier le repos :** la patience est la clé.

Petits secrets de chef

- Un concombre râpé fin et un autre en brunoise pour le contraste.
- Une pointe de zeste de citron confit mixé.
- Un trait d'eau de rose pour la touche alexandrine.

Une astuce bonus ?

- Sers ce tzatziki dans des petits verres pour un apéritif original. Tes invités vont adorer !

Préparation : 15 min | Cuisson : 45 min | Repos : 15 min | Pour 6 personnes

Je me souviens encore de ma première découverte du baba ganoush, c'était dans une petite échoppe de Jérusalem. Le patron, un homme au visage marqué par l'âge et au regard nostalgique, faisait griller ses aubergines directement sur la flamme, remplissant la ruelle d'un parfum envoûtant. J'ai été subjugué par ce geste pourtant si simple... C'est là que j'ai compris que le secret d'un bon baba ganoush, c'est cette touche fumée qui vous transporte instantanément au cœur du Moyen-Orient.

LE BABA GANOUSH FUMÉ,

un voyage dans les ruelles de Jérusalem

Les ingrédients magiques

3 grosses aubergines bien fermes
2 gousses d'ail épluchées
1 cuil. à café de sel fin
3 cuil. à soupe de tahini
Le jus de **1** citron bio
½ cuil. à café de cumin moulu
2 cuil. à soupe d'huile d'olive extra-vierge

Pour le dressage

Huile d'olive extra-vierge
Persil plat frais
Graines de grenade (en saison)
Pignons de pin torréfiés
Un peu de piment d'Alep (ou de paprika fumé)

Les alternatives malignes

Pas de tahini ?
Utilise de la purée d'amandes blanches
Pas de piment d'Alep ? Opte pour du paprika fumé
Pas de graines de grenade ?
Un mix de graines de sésame
Pas de pignons de pin ? Des amandes effilées grillées

LA RECETTE

La cuisson des aubergines

Place tes aubergines directement sur la flamme du gaz ou sur un barbecue. Si tu n'as ni l'un ni l'autre, pas de panique : pose-les sous le gril du four à puissance maximale. Tourne-les régulièrement jusqu'à ce que la peau soit bien noircie et que la chair soit ultra-moelleuse (environ 45 minutes).

Le moment patience

Laisse les aubergines refroidir 15 minutes dans un saladier couvert d'un film alimentaire. Ça permet de garder ce goût fumé si essentiel !

La transformation

Coupe les aubergines en deux dans la longueur et récupère la chair à la cuillère. Évite d'embarquer des morceaux de peau carbonisée (même si un peu, ça donne du goût).

Le mélange parfait

Dans un robot, mixe l'ail et le sel. Ajoute la chair d'aubergine, le tahini, le jus de citron, le cumin et l'huile, puis mixe par à-coups jusqu'à obtenir une texture crémeuse mais pas trop lisse – on aime quand ça a du caractère !

La touche finale

Goûte et ajuste l'assaisonnement. Un peu plus de citron ? Une pincée de sel ? C'est le moment !

Le dressage qui en jette

Dans un joli plat creux, étale ton baba ganoush en faisant des vagues avec le dos d'une cuillère. Arrose d'un filet d'huile d'olive, parsème de persil ciselé, de graines de grenade et de pignons de pin. Une pincée de piment d'Alep, et voilà !

Conservation

Au frais dans un récipient hermétique pendant 4-5 jours. Mais entre nous, il n'en reste jamais aussi longtemps !

Avec quoi le servir ?

Avec des pains pitas chauds (voir p. 63), des légumes crus, en tartinade dans un sandwich... C'est tellement bon que même sur un bout de pain, ça fait voyager !

ASTUCES

Les erreurs à éviter (on a tous fait ces bêtises…)

- **Ne pas assez cuire les aubergines :** elles doivent être ultra-moelleuses.
- **Oublier de les faire reposer sous film :** bye-bye le goût fumé.
- **Trop mixer :** on veut une texture crémeuse mais pas une purée lisse.
- **Négliger l'égouttage :** une aubergine trop aqueuse, c'est un baba ganoush triste.

Petits secrets de chef

- Choisis des aubergines bien fermes et brillantes.
- Pour un goût plus fumé, laisse-les vraiment noircir sur la flamme.
- Si ton baba est trop amer, ajoute un peu plus de tahini.
- Pour une version plus légère, remplace une partie du tahini par du yaourt grec.

Une astuce bonus ?

- Si tu as le temps, grille quelques lamelles d'aubergine à part pour la déco. Effet waouh garanti !

Yalah, à toi de jouer !

Et n'oublie pas : le secret d'un bon baba ganoush, c'est l'amour qu'on y met (et des aubergines bien grillées, évidemment).

Préparation : 10 min

Marinade : minimum 24 h
(l'idéal c'est 48 h, si tu as la patience !)

Pour 6-8 personnes en apéritif

Un jour, alors que je déjeunais en famille dans le sud de la France, ma belle-mère Nafsika nous a servi ce qui semblait être une simple feta. Mais dès la première bouchée, j'ai su que ce n'était pas ordinaire – la feta était délicatement parfumée d'herbes et d'épices, baignant dans une huile d'olive aromatique. C'est devenu mon secret pour épater les invités avec une entrée simple mais bluffante ! Ultra-facile à faire, un plat à déléguer aux enfants pour les faire participer !

LA FETA MARINÉE

qui fait sensation

Les ingrédients magiques

400 g de feta de qualité (si possible grecque, on ne plaisante pas avec ça !)

1 gousse d'ail épluchée

Le zeste de **1** citron bio

300 ml d'huile d'olive extra-vierge

2 cuil. à soupe de zaatar (voir p. 165 pour comprendre ce qu'est ce mélange magique et peu connu)

2 brins de thym frais

2 feuilles de laurier

1 cuil. à café de grains de poivre noir

1 pincée de paprika fumé (j'adore ça)

Pour le dressage

Quelques olives de Kalamata

Origan frais

Miel

Pour accompagner

Pain pita grillé

Les alternatives malignes

Pas de zaatar ? Mélange du thym séché, du sésame et du sumac (ou juste du thym et du sésame)

Pas de paprika fumé ? Un peu de piment d'Espelette ou de piment d'Alep

Pas d'olives de Kalamata ? N'importe quelles olives noires feront l'affaire

LA RECETTE

La préparation du bocal

Stérilise un grand bocal en verre (passe-le à l'eau bouillante ou au lave-vaisselle à haute température).

La préparation de la feta

Coupe la feta en dés de 2-3 cm de côté. Conseil de pro : sors-la du réfrigérateur 15 minutes avant, elle sera moins friable.

Les aromates

Pèle et écrase légèrement l'ail avec le plat du couteau.
Prélève le zeste du citron en lamelles (attention à ne pas prendre le blanc amer).

L'assemblage

Dans ton bocal, alterne les couches : un peu d'huile d'olive, des dés de feta, du zaatar, des aromates, des épices et ainsi de suite.
Termine par l'huile d'olive qui doit recouvrir complètement la feta.

La patience

Ferme le bocal et place-le au frais au moins 24 heures. Retourne-le délicatement une fois par jour pour bien répartir les saveurs.

Le dressage qui impressionne

Sors la feta marinée 30 minutes avant de servir (l'huile d'olive figée au frais redevient liquide). Dispose les dés dans un joli plat, arrose d'un peu d'huile de la marinade, ajoute quelques olives, des herbes fraîches et un filet de miel.

Conservation

Jusqu'à 2 semaines au réfrigérateur (si tu arrives à résister aussi longtemps).

Avec quoi la servir ?

En apéritif avec du pain grillé avec un tombé de tomates.
Dans une salade grecque.
Tu peux aussi la passer sous le gril du four en l'ayant saupoudré de piment et de paprika fumé.

ASTUCES

Les erreurs à éviter

- **Utiliser une huile d'olive moyenne :** c'est l'ingrédient principal, choisis-la de qualité !
- **Ne pas couvrir complètement d'huile la feta :** elle risque de sécher.
- **Servir la feta glacée :** les saveurs s'expriment mieux à température ambiante.
- **Jeter l'huile après :** elle est délicieuse pour assaisonner les salades !

Petits secrets de chef

- Ajoute un petit piment entier dans la marinade pour un peps subtil.
- Varie les herbes selon tes envies : romarin, origan, marjolaine…
- L'huile se fige au frais ? Normal ! Elle redevient liquide à température ambiante.
- Garde le bocal à l'envers de temps en temps pour bien répartir les aromates.

Une astuce bonus ?

- Prépare plusieurs bocaux à la fois : c'est un cadeau qui fait toujours son effet !

Yalah, à toi de jouer !

Et rappelle-toi : plus tu la laisses mariner, plus elle sera savoureuse. La patience est la meilleure amie des bonnes choses !

Préparation : 30 min

Repos : 30 min

Cuisson : 25-30 min

Pour 12 bourekas généreux

C'est la recette préférée de ma fille Ambre, ces petits feuilletés dorés, tout juste sortis du four, qui peuvent se déguster au petit déjeuner ou à tout moment de la journée. Ils sont parsemés de graines de sésame avec générosité, croustillants et gourmands à souhait.

LES BOUREKAS

qui font craquer tout le monde

Pour la garniture

500 g d'épinards frais (ou **300 g** surgelés)
300 g de feta émiettée
200 g de ricotta (ou du fromage blanc égoutté)
2 œufs (**1** pour la farce, **1** pour la dorure)
1 oignon finement haché
2 gousses d'ail écrasées
Poivre noir du moulin
1 pincée de fleur de sel

Pour l'enveloppe

2 pâtes feuilletées du commerce
Graines de sésame pour le dessus

Pour le dressage

Quelques feuilles de roquette
Quartiers de citron
Yaourt grec
Quelques herbes fraîches

Les alternatives malignes

Pas d'épinards ? Essaie avec des blettes ou du chou kale
Pas de ricotta ? Du labneh fera parfaitement l'affaire
Pas de feta ? Remplace par du fromage de brebis
Pas de graines de sésame ? Des graines de nigelle ou de pavot seront parfaites

LA RECETTE

La préparation de la farce

Si tu utilises des épinards frais, lave-les bien et fais-les tomber dans une grande poêle jusqu'à ce qu'ils réduisent. Laisse-les refroidir, puis presse-les pour enlever l'excès d'eau (c'est super important pour éviter les bourekas qui fuient !). Pour les surgelés, décongèle-les et presse-les bien.

Le mélange parfait

Dans un grand bol, mélange les épinards hachés avec la feta émiettée, la ricotta, 1 œuf battu, l'oignon et l'ail. Assaisonne de poivre et sel (attention au sel, la feta est déjà bien salée). Réserve au frais 30 minutes pour que les saveurs se mélangent.

L'assemblage qui fait tout

Déroule tes pâtes feuilletées et coupe-les en carrés de 12 cm de côté. Dépose une belle cuillerée à soupe de farce au centre de chaque carré. Plie en triangle et scelle bien les bords avec les dents d'une fourchette. Badigeonne d'œuf battu et parsème généreusement de graines de sésame. Pique chaque boureka avec une fourchette pour laisser échapper la vapeur.

La cuisson dorée

Préchauffe le four à 200 °C. Place les bourekas sur une plaque recouverte de papier sulfurisé. Enfourne pour 25 à 30 minutes jusqu'à ce qu'ils soient bien dorés et gonflés.

Le dressage qui impressionne

Sers tes bourekas encore chauds, disposés sur un grand plat avec quelques feuilles de roquette et des quartiers de citron. Un petit bol de yaourt grec assaisonné d'herbes fraîches à côté, et c'est le paradis !

Conservation

Cuits : 2-3 jours au frais (réchauffe-les au four pour retrouver le croustillant).
Non cuits : jusqu'à 3 mois au congélateur (pas besoin de décongeler avant la cuisson).

Avec quoi les servir ?

Au petit déjeuner avec des œufs et une salade de tomates.
En entrée avec une sauce au yaourt.
Pour un brunch avec des olives et des légumes grillés.
En apéritif, version mini pour plus de convivialité.

ASTUCES

Les erreurs à éviter

- **Ne pas assez égoutter les épinards :** c'est le secret d'une farce qui tient.
- **Trop remplir les bourekas :** ils risquent d'exploser à la cuisson.
- **Oublier de piquer la pâte :** elle ne gonflerait pas uniformément.
- **Ne pas bien sceller les bords :** au revoir la farce !

Petits secrets de chef

- Prépare la farce la veille, elle n'en sera que meilleure.
- Un peu de muscade râpée dans la farce, c'est un délice.
- Pour des bourekas encore plus croustillants, fais-les cuire sur une plaque préchauffée.
- Tu peux les préparer et les congeler avant cuisson.

Une astuce bonus ?

- Varie les plaisirs avec différentes farces : pommes de terre aux champignons, aubergines grillées et pignons, ou même une version sucrée aux pommes et cannelle !

Allez Yalah, à toi de jouer !

Et rappelle-toi :
un boureka bien doré
à l'extérieur et fondant
à l'intérieur, c'est comme
un câlin croustillant !

Trempage des lentilles : 2 h

Préparation : 30 min

Repos : 1 h au frais

Cuisson : 15 min

Pour 6 personnes (environ 24 falafels)

Ma première rencontre avec les falafels aux lentilles corail, c'était une révélation ! Un chef libanais m'avait confié que c'était la recette de sa mère, une alternative plus digeste aux traditionnels pois chiches. « Plus légers mais tout aussi gourmands », disait-il en me montrant sa technique pour les rendre ultra-croustillants à l'extérieur et moelleux à l'intérieur.

LES FALAFELS AUX LENTILLES CORAIL

Pour les falafels

300 g de lentilles corail
1 gros oignon épluché
4 gousses d'ail épluchées
1 bouquet de persil plat frais
1 bouquet de coriandre fraîche
2 cuil. à café de cumin moulu
1 cuil. à café de coriandre moulue
½ cuil. à café de cardamome moulue
1 cuil. à café de bicarbonate de soude
Huile de friture
Sel et poivre du moulin

Pour la sauce tahini

120 g de tahini
Le jus de **1** citron
1 gousse d'ail écrasée
Sel
Eau froide pour ajuster la consistance

Pour le dressage

Pains pitas chauds
Quelques légumes frais : tomates, concombres, oignons…
Pickles de légumes
Persil frais

Les alternatives malignes

Pas de cardamome ? Un mélange cumin-cannelle fera l'affaire

Pas de tahini ? Une sauce au yaourt grec citronnée

Pas de coriandre fraîche ? Double la quantité de persil

Pas envie de friture ? Tu peux les cuire au four à **200** °C pendant **20-25** minutes

LA RECETTE

La préparation des lentilles

Rince les lentilles corail et laisse-les tremper 2 heures dans l'eau froide. Elles vont gonfler et devenir plus tendres.

Le mélange parfait

Égoutte bien les lentilles. Dans un robot, mixe l'oignon, l'ail et les herbes jusqu'à ce qu'ils soient finement hachés. Ajoute les lentilles et les épices. Mixe par impulsions jusqu'à obtenir une pâte qui se tient (attention à ne pas trop mixer !). Ajoute le bicarbonate et mélange à la main. Laisse reposer 1 heure au frais.

Le façonnage

Avec les mains humides, forme des boulettes rondes de la taille d'une noix. Place-les sur un plateau recouvert de papier sulfurisé.

La cuisson dorée

Chauffe l'huile à 180 °C dans une casserole. Plonge les falafels par petites quantités. Fais-les dorer 3 à 4 minutes jusqu'à ce qu'ils soient bien croustillants. Égoutte-les sur du papier absorbant.

La sauce tahini

Mélange le tahini avec le jus de citron, l'ail et du sel. Ajoute l'eau froide petit à petit en fouettant jusqu'à obtenir une consistance crémeuse.

Le dressage qui fait voyager

Sers tes falafels bien chauds dans un pain pita garni de légumes frais, arrosés généreusement de sauce tahini. Parsème de persil ciselé. N'oublie pas les pickles pour le côté acidulé !

Conservation

La pâte crue se garde 24 heures au frais en étant filmée au contact. Les falafels cuits se réchauffent au four à 150 °C pendant 10 minutes. Tu peux congeler les falafels crus et les cuire directement sortis du congélateur.

ASTUCES

Les erreurs à éviter

- **Trop mixer la pâte :** les falafels deviendraient trop compacts.
- **Ne pas assez égoutter les lentilles :** la pâte serait trop humide.
- **Une huile pas assez chaude :** ils absorberaient trop de gras.
- **Oublier le bicarbonate :** il aide à les rendre plus légers.

Petits secrets de chef

- Teste la tenue de la pâte en formant une boulette : si elle se tient, c'est parfait.
- L'huile est à bonne température quand un petit morceau de pâte remonte tout de suite à la surface.
- Pour une version plus légère, tu peux les cuire au four sur une plaque huilée.
- Garde quelques herbes fraîches entières dans la pâte pour plus de texture.

Une astuce bonus ?

- Prépare une double dose de sauce tahini, elle accompagnera parfaitement tes autres mezzés !

Yalah, à toi de jouer !

Et souviens-toi : un falafel réussi doit être croustillant à l'extérieur et moelleux à l'intérieur, comme un petit nuage épicé !

Trempage du boulgour : 30 min

Préparation : 25 min

Pour 6 personnes

Ce plat, je le dois à la grand-mère d'une de mes amies qui préparait le taboulé du dimanche. Ses gestes précis transformaient une montagne d'herbes fraîches en un festival de saveurs. « Le secret », me glissa la grand-mère avec un clin d'œil malicieux, « c'est de hacher les herbes au dernier moment, quand la famille commence à s'impatienter. »

LE TABOULÉ

qui sent bon le Liban

Pour le cœur du taboulé

100 g de boulgour fin
3 gros bouquets de persil plat frais
1 bouquet de menthe fraîche
4 tomates bien mûres
2 oignons nouveaux
Quelques radis croquants
Le zeste et le jus de **2** citrons

Pour la touche finale

60 ml d'huile d'olive fruitée
1 pincée de cannelle (l'astuce qui change tout)
Sel et poivre du moulin

Pour le dressage

Feuilles de laitue romaine
Quelques feuilles de menthe fraîche
Quartiers de citron

Les alternatives malignes

Pas de boulgour fin ? Du quinoa fait l'affaire
Pas d'oignons nouveaux ? Une échalote finement ciselée
Pas de menthe fraîche ? Joue la carte du basilic
Pas de tomates mûres ? Hors saison, opte pour des tomates cerises

LA RECETTE

Le boulgour s'éveille

Rince-le rapidement, puis laisse-le gonfler 30 minutes dans un bol d'eau froide. Il doit rester *al dente*, on n'est pas là pour faire de la bouillie !

La danse des couteaux

Essore délicatement les herbes dans un torchon propre. Hache-les finement au couteau (oublie le robot, on n'est pas pressés). Les feuilles doivent danser sous la lame, pas se transformer en purée

L'assemblage minutieux

Égoutte le boulgour en le pressant légèrement. Découpe les tomates en tout petits dés (sans les pépins, on n'est pas des sauvages). Cisèle les oignons nouveaux aussi fin que possible. Coupe les radis en rondelles. Prélève le zeste et presse le jus des citrons. Mélange le tout délicatement dans un saladier, comme si tu manipulais des pétales de rose. Pour finir, ajoute l'huile d'olive fruitée, la cannelle, du sel et du poivre.

Le dressage qui raconte une histoire

Dispose des feuilles de laitue romaine autour d'un plat creux, verse le taboulé au centre. Ajoute quelques feuilles de menthe fraîche, des quartiers de citron, et le tour est joué.

Conservation

Le taboulé, c'est comme les bonnes nouvelles : ça ne se garde pas ! À déguster dans les 24 heures.

ASTUCES

Les erreurs à éviter

- **Noyer le boulgour :** il doit juste être réhydraté.
- **Utiliser un robot pour les herbes :** c'est le meilleur moyen d'avoir une soupe verte.
- **Trop de boulgour :** le taboulé, c'est avant tout des herbes.
- **Préparer trop à l'avance :** les herbes perdraient leur éclat.

Petits secrets de chef

- Les herbes doivent être parfaitement sèches avant d'être hachées. Un trait d'eau de fleur d'oranger pour une touche libanaise authentique.
- Le ratio parfait : 70 % d'herbes, 30 % de reste.
- La cannelle, c'est la touche secrète qui fait dire « Mmmh, c'est différent ».

Une astuce bonus ?

- Pour un apéro original, sers le taboulé dans des feuilles d'endive : le croquant rencontre le frais !

Yalah, à toi de jouer !

Et n'oublie pas :
un bon taboulé,
c'est comme une belle
histoire d'amour – il faut
y mettre tout son cœur !

Préparation : 30 min | Cuisson : 25 min | Repos : 1 heure | Pour 6-8 personnes

La première fois que j'ai goûté le muhammara, c'était à Jerusalem. Une dame âgée le préparait dans une petite échoppe, grillant ses poivrons sur un brasero dans la rue. L'odeur était enivrante. Quand elle m'a fait goûter sa préparation, dont tout le secret était dans la mélasse de grenade, j'ai su que je tenais là une recette exceptionnelle.

LE MUHAMMARA

qui fait voyager en Syrie

Les ingrédients magiques

4 gros poivrons rouges
200 g de noix concassées
2 gousses d'ail épluchées
1 tranche de pain rassis
2 cuil. à soupe de concentré de tomate
2 cuil. à soupe de mélasse de grenade
1 cuil. à café de piment d'Alep (ou plus selon ton goût)
1 cuil. à café de cumin moulu
60 ml d'huile d'olive extra-vierge
Le jus de **½** citron
Sel

Pour le dressage

Huile d'olive extra-vierge
Noix concassées
Piment d'Alep
Persil frais
Quelques graines de grenade (en saison)

Les alternatives malignes

Pas de mélasse de grenade ? Utilise du miel avec quelques gouttes de vinaigre balsamique

Pas de piment d'Alep ? Opte pour du paprika fumé et un peu de piment rouge

Pas de noix ? Des amandes grillées feront l'affaire

Pain rassis introuvable ? Des crackers nature écrasés fonctionnent aussi

LA RECETTE

La préparation des poivrons

Dépose les poivrons sur la plaque du four et grille-les entiers au four à 220 °C pendant 25 minutes en les retournant régulièrement. Place-les dans un sac plastique fermé pendant 10 minutes (la peau se détachera plus facilement). Pèle-les et retire les graines. Laisse-les égoutter dans une passoire (c'est crucial pour la texture !).

Le mélange parfait

Dans un robot, mixe les noix jusqu'à obtenir une poudre grossière. Ajoute l'ail et le pain émietté. Incorpore les poivrons égouttés et le reste des ingrédients. Mixe par impulsions pour garder de la texture. Goûte et ajuste l'assaisonnement (piment, sel, acidité).

Le repos

Laisse reposer au frais au moins 1 heure pour que les saveurs se développent.

Le dressage qui impressionne

Dans un joli bol, étale le muhammara en créant des vagues avec le dos d'une cuillère. Creuse quelques puits et verses-y de l'huile d'olive. Parsème de noix concassées, de piment d'Alep et de persil ciselé. En saison, quelques graines de grenade apportent fraîcheur et croquant.

Conservation

Se garde 5 jours au frais dans un récipient hermétique. L'huile d'olive en surface aide à la conservation.

Avec quoi le servir ?

Avec des pains pitas chauds ou du pain grillé.
En dip pour des légumes crus.
Comme condiment dans un sandwich.
En accompagnement de grillades.

ASTUCES

Les erreurs à éviter

- **Ne pas assez égoutter les poivrons :** ton muhammara serait trop liquide.
- **Trop mixer :** on veut garder de la texture.
- **Négliger la mélasse de grenade :** elle apporte ce goût unique.
- **Être trop timide avec les épices :** le muhammara doit être relevé !

Petits secrets de chef

- Torréfie légèrement les noix avant de les mixer pour plus de saveur.
- Un peu d'huile de piment (à faire infuser avec du piment d'Alep) pour le dressage.
- Pour plus de profondeur, ajoute une pointe de cannelle.
- Si tu le trouves trop épais, détends-le avec un peu d'eau glacée.

Une astuce bonus ?

- Prépare une version « apéro » en roulant de petites boulettes dans des noix concassées !

Yalah, à toi de jouer !

Et rappelle-toi : le muhammara, c'est comme un coucher de soleil – doux et épicé à la fois !

Préparation : 20 min

Cuisson des pitas : 10 min

Pour 6 personnes

Dans Shouka Carmel à Tel-Aviv, entre deux étals de fruits, j'ai découvert cette salade qui allait changer ma vision de la cuisine levantine. Le marchand déchirait son pain pita de la veille avec un naturel désarmant, en m'expliquant que « le pain rassis d'aujourd'hui fait la meilleure fattouche de demain ». Une leçon d'antigaspi avant l'heure !

LA SALADE FATTOUCHE

qui réveille les papilles

Pour la salade

2 pains pitas de la veille
4 tomates bien mûres
2 concombres libanais (ou **1** concombre normal)
1 poivron vert
1 botte de radis
3 oignons nouveaux
1 laitue romaine
1 botte de pourpier (ou de roquette)
1 bouquet de menthe fraîche
1 bouquet de persil plat frais
Huile d'olive
Un peu de sumac

Pour la vinaigrette

Le jus de **2** citrons
2 cuil. à soupe de suma moulu
1 cuil. à soupe de mélasse de grenade
1 gousse d'ail écrasée
60 ml d'huile d'olive
Sel et poivre du moulin

Les alternatives malignes

Pas de sumac ?
Un mélange de zeste de citron et de paprika

Pas de pourpier ?
De la roquette ou du cresson

Pas de concombre libanais ?
Un concombre classique épépiné

Pas de mélasse de grenade ?
Un trait de vinaigre balsamique

LA RECETTE

Les croûtons qui craquent

Coupe les pitas en triangles. Arrose-les d'un filet d'huile d'olive. Saupoudre de sumac. Mets-les sur la plaque du four et enfourne à 180 °C jusqu'à ce qu'ils soient dorés et croustillants, environ 10 minutes.

Le festival de couleurs

Coupe les tomates en quartiers. Taille les concombres en demi-lunes. Émince finement le poivron. Coupe les radis en rondelles. Émince les oignons nouveaux. Déchire la laitue et les herbes à la main.

La vinaigrette qui fait chanter

Dans un bol, mélange le jus de citron avec le sumac. Ajoute la mélasse de grenade et l'ail. Incorpore l'huile d'olive en filet. Assaisonne généreusement.

Le dressage qui en met plein la vue

Dispose les légumes en cascade dans un grand plat, arrose de vinaigrette, et au dernier moment – c'est crucial –, parsème de croûtons de pita. Une pluie d'herbes fraîches, et le tour est joué !

Conservation

La fattouche, c'est comme un bon spectacle : ça se savoure sur le moment ! Les légumes se gardent préparés séparément au frais, mais l'assemblage se fait à la dernière minute.

ASTUCES

Les erreurs à éviter

- **Couper les légumes trop petit :** on n'est pas au régiment.
- **Mettre les croûtons trop tôt :** ils deviendraient mous.
- **Saler la salade à l'avance :** elle rendrait son eau.
- **Être timide avec les herbes :** elles font partie intégrante du plat.

Petits secrets de chef

- Les légumes doivent être à température ambiante.
- Un peu de glaçons dans l'eau des oignons les rend plus croquants.
- Les herbes fraîchement cueillies font toute la différence.
- Le sumac sur les croûtons, c'est la touche qui fait mouche.

Une astuce bonus ?

- Pour une version plus consistante, ajoute des dés de halloumi grillé – un petit péché qui vaut le détour ! Coupe le halloumi en dés et fais-le griller dans un poêle avec de l'huile d'olive.

Salade Fattouche

Soupes

& entrées chaudes

Préparation : 15 min

Cuisson : 30 min

Pour 6 personnes

Dans une petite gargote perdue dans les ruelles de Marrakech, entre les étals d'épices multicolores et les effluves de menthe fraîche, j'ai découvert cette soupe réconfortante. La cuisinière, Fatima, une femme au sourire lumineux, parfumait son bouillon avec une pincée de safran qu'elle gardait précieusement dans un petit sachet en cuir. « La soupe », me disait-elle en remuant doucement sa marmite, « c'est comme une étreinte chaude, ça doit réchauffer le corps et l'âme. »

LA SOUPE DE LENTILLES CORAIL

qui réchauffe les cœurs

Les ingrédients magiques

2 oignons épluchés
2 carottes
2 pommes de terre
2 cuil. à soupe d'huile d'olive
2 gousses d'ail épluchées
1 cuil. à café de curcuma moulu
1 cuil. à café de cumin moulu
1 cuil. à café de paprika moulu
1 pincée de safran (si le cœur t'en dit)
300 g de lentilles corail
1,5 l de bouillon de légumes
Le jus de **1** citron

Pour le dressage

6 cuil. à soupe de crème fraîche
Huile d'olive au piment
Persil plat frais
Croûtons de pain maison
Quelques quartiers de citron confit

Les alternatives malignes

Pas de safran ?
Une pincée de curcuma fera briller ta soupe
Pas de citron confit ? Un zeste de citron frais
Pas de croûtons ? Des graines de courge torréfiées
Pas de crème fraîche ? Un trait de labneh

LA RECETTE

La base parfumée

Émince finement les oignons. Épluche les carottes et les pommes de terre. Taille-les en petits dés. Fais revenir le tout dans une casserole dans l'huile d'olive jusqu'à ce que les oignons deviennent translucides. Ajoute l'ail écrasé et les épices, laisse-les torréfier quelques secondes.

La danse des lentilles

Ajoute les lentilles rincées et le bouillon chaud. Laisse mijoter 25 minutes à feu doux en remuant de temps en temps. Les lentilles doivent se déliter naturellement.

Le velouté parfait

Mixe la soupe plus ou moins finement selon tes goûts. Ajoute le jus de citron. Ajuste la consistance avec un peu de bouillon si nécessaire.

Le dressage qui fait voyager

Verse la soupe dans des bols chauds, dépose une cuillerée à soupe de crème fraîche, arrose d'un filet d'huile au piment, parsème de persil ciselé et de croûtons. Un quartier de citron confit pour la touche finale.

Conservation

Se garde 3 jours au frais et se congèle parfaitement. Réchauffe à feu doux en ajoutant un peu d'eau si nécessaire.

ASTUCES

Les erreurs à éviter

- **Trop cuire les lentilles :** elles perdraient leurs vitamines.
- **Oublier de rincer les lentilles :** la soupe serait trouble.
- **Saler dès le début :** les lentilles durciraient.
- **Négliger les épices :** elles font voyager la soupe.

Petits secrets de chef

- Torréfie les épices dans l'huile chaude pour libérer leurs arômes.
- Un coup de mixeur à la fin pour une texture soyeuse.
- Une pomme de terre pour la texture crémeuse.
- Un trait d'huile d'olive au piment pour le service.

Une astuce bonus ?

- Prépare des croûtons maison parfumés au cumin et à l'ail, c'est un autre niveau !

Yalah, à toi de jouer !

Et n'oublie pas :
une bonne soupe
de lentilles, c'est comme
un conte oriental,
elle doit te faire voyager
dès la première cuillerée !

Préparation : 20 min

Cuisson : 45 min

Pour 6 personnes

Dans une taverne de l'île de Naxos, perchée sur une colline face à la mer Égée, le temps semblait s'être arrêté. Yaya mina, une grand-mère aux mains expertes, préparait cette soupe avec une précision d'orfèvre. Son petit-fils Evangelos m'a confié en souriant que même la fièvre ne résistait pas à l'avgolemono de sa grand-mère. « C'est notre médicament miracle grec », plaisantait-il en me montrant le geste parfait pour lier les œufs au bouillon.

L'AVGOLEMONO

qui te fait sentir tout de suite bien

Pour le bouillon

1 haut de cuisse de poulet

2 l d'eau

1 carotte

1 branche de céleri

1 oignon épluché piqué de **2** clous de girofle

1 feuille de laurier

100 g de riz rond

Gros sel

Pour la liaison

3 œufs à température ambiante

Le jus de **2** citrons bio

Poivre blanc du moulin

Pour le dressage

Aneth frais

Le zeste de **1** citron

1 filet d'huile d'olive

Quelques feuilles de menthe fraîche

Les alternatives malignes

Pas de riz rond ? De l'orzo ou des petites pâtes

Pas d'aneth ? De la ciboulette ou du persil plat

Pas de poulet ? Un bon bouillon de légumes

Pressé ? Un bouillon de volaille de qualité

LA RECETTE

Le bouillon parfumé

Plonge le poulet dans une casserole d’eau froide avec les légumes et les aromates. Porte à ébullition, puis baisse le feu. Écume soigneusement. Laisse mijoter 30 minutes à frémissement.

Le moment crucial

Filtre le bouillon. Effiloche le poulet. Cuis le riz dans le bouillon clair. Garde le bouillon frémissant, pas bouillant.

La danse des œufs

Fouette les œufs jusqu’à ce qu’ils blanchissent.
Ajoute le jus de citron en filet sans cesser de fouetter.
Verse une louche de bouillon chaud en remuant (c’est le secret !).
Termine avec le poivre blanc. Incorpore doucement ce mélange dans la casserole.

Le dressage qui réchauffe l’âme

Verse la soupe dans des bols chauds, ajoute quelques morceaux de poulet effiloché, parsème d’aneth ciselé et de zeste de citron. Un trait d’huile d’olive, quelques feuilles de menthe fraîche, et la magie opère.

Conservation

L’avgolemono est comme un premier amour : il ne se garde pas !
À déguster sur le moment

ASTUCES

Les erreurs à éviter

- **Un bouillon trop chaud :** les œufs coagulent.
- **Pas assez de patience pour la liaison :** on veut une soupe soyeuse.
- **Trop de citron d'un coup :** le mélange pourrait trancher.
- **Un riz trop cuit :** on n'est pas là pour faire de la bouillie.

Petits secrets de chef

- Les œufs à température ambiante, c'est non négociable.
- Du poivre blanc pour ne pas « tacher » la soupe.
- Un bouillon bien dégraissé pour une texture parfaite.
- Une pincée de zeste de citron râpé au dernier moment.

Une astuce bonus ?

- Pour une version plus légère, remplace le riz par du chou-fleur émincé très fin.

Yalah, à toi de jouer !

Et souviens-toi : un bon avgolemono, c'est comme un câlin de Yaya – réconfortant et inoubliable !

Préparation : 30 min | Repos : 1 h | Cuisson : 20 min | Pour 6 personnes

« Les boulettes, c'est une histoire de feeling », me répétait Nafsika, ma belle-mère grecque, en pétrissant la viande avec une infinie délicatesse. Dans sa cuisine de Vouliagmeni, entre les portraits de famille et des bouquets d'origan séché, elle m'a transmis cette recette qui fait l'unanimité lors de nos réunions de famille. « Le secret », m'a-t-elle confié avec un clin d'œil complice, « c'est de les rouler en pensant à ceux qu'on aime. Et de rajouter un peu de ci... et de ça, et débrouille-toi. »

LES KEFTADAKIA

Pour les keftas

1 oignon rouge épluché
3 gousses d'ail épluchées
1 bouquet de persil plat frais
1 bouquet de menthe fraîche
800 g de viande d'agneau hachée
1 cuil. à café de cannelle moulue
1 cuil. à café d'origan séché
50 g de mie de pain rassis trempée dans du lait
1 œuf
Sel et poivre noir fraîchement moulu

Pour la sauce qui enchante

4 tomates bien mûres
1 oignon épluché
2 gousses d'ail épluchées
Huile d'olive extra-vierge
1 poivron rouge grillé
1 verre de vin blanc sec
1 bâton de cannelle
Quelques feuilles de laurier

Pour le dressage

Feta émiettée
Origan frais
Pignons de pin torréfiés
Pain pita chaud

Les alternatives malignes

Pas d'agneau ? Un mélange agneau-bœuf
Pas de vin blanc ? Un trait de jus de citron
Pas de pignons ? Des amandes effilées
Pas de pain rassis ? De la chapelure fine

LA RECETTE

La préparation des keftas

Hache finement l'oignon et l'ail. Cisèle les herbes menu.
Mélange dans un saladier le tout avec la viande et les épices.
Incorpore la mie de pain essorée, l'œuf, le sel et le poivre.
Pétris avec amour pendant 5 bonnes minutes.

Le façonnage

Forme des boulettes de la taille d'une noix.
Roule-les entre tes paumes humides.
Laisse reposer au frais 1 heure (c'est important !).

La sauce qui embaume

Concasse les tomates. Fais revenir dans une poêle l'oignon et l'ail dans l'huile d'olive. Ajoute le poivron grillé émincé.
Verse le vin, laisse réduire.

La cuisson

Fais cuire les boulettes dans une poêle bien chaude et aplatis-les avec une spatule dans la poêle. Retourne-les pour obtenir une belle coloration sur toutes les faces. Ajoute les tomates et les aromates. Laisse mijoter doucement.

Le dressage qui fait voyager

Dispose les keftas dans un bol à côté, parsème de feta, d'origan frais et de pignons. Sers avec du pain pita chaud pour saucer – c'est obligatoire !

Conservation

Se gardent 2 jours au frais, mais réchauffées doucement dans leur sauce, elles sont encore meilleures le lendemain.

ASTUCES

Les erreurs à éviter

- **Une viande trop maigre :** les keftas seraient sèches.
- **Un pétrissage trop timide :** on veut une texture moelleuse.
- **Oublier le temps de repos :** la saveur des épices doit se développer.
- **Des boulettes trop grosses :** elles cuiraient mal.

Petits secrets de Nafsika

- Un peu de zeste de citron dans la viande.
- Une pincée de sucre dans la sauce.
- Des herbes toujours fraîches, jamais séchées.
- Un trait d'ouzo dans la sauce (mais ça, c'est notre secret !).

Une astuce bonus ?

- Pour l'apéro, fais des mini-keftas piquées sur des brins de romarin frais !

Yalah, à toi de jouer !

Et souviens-toi : les meilleures keftas sont celles qu'on prépare avec le cœur, comme dit Nafsika !

STAUB

Préparation : 30 min

Repos : 1 h

Cuisson : 40-50 min

Pour 6 personnes

Pas loin du port de Saint-Tropez, le marché aux poissons, et Sandra qui me confie la recette de sa maman... « La Méditerranée », disait-elle en souriant, « c'est comme cette sauce : un mélange parfait d'épices et de cultures. »

LES BOULETTES DE POISSON

du port de Saint-Tropez

Pour les boulettes

800 g de poisson blanc ferme, du cabillaud

2 oignons épluchés

4 gousses d'ail épluchées

1 bouquet de coriandre fraîche

1 bouquet de persil plat frais

2 cuil. à café de cumin moulu

1 œuf

3 cuil. à soupe de farine de pois chiches

Le zeste de **1** citron

Sel et poivre blanc

Pour la sauce qui enchante

6 tomates bien mûres

2 poivrons rouges

3 gousses d'ail épluchées

Huile d'olive

1 cuil. à café de curcuma moulu

1 cuil. à café de paprika moulu

1 pincée de safran moulu

1 piment doux

2 feuilles de laurier

Couscous

Pour le dressage

Citron confit

Coriandre fraîche

Huile d'olive

Piment d'Espelette

Les alternatives malignes

Pas de cabillaud ?
Du merlu ou du loup

Pas de farine de pois chiches ?
De la chapelure fine ou du pain râpé de la veille

Pas de safran ?
Un peu plus de curcuma

Pas de citron confit ?
Du zeste de citron frais

LA RECETTE

Les boulettes de la mer

Hache finement le poisson au couteau (pas de mixeur !).
Émince très finement les oignons et l'ail. Cisèle les herbes menu.
Mélange dans un saladier avec le cumin et l'œuf.
Ajoute la farine de pois chiches petit à petit, ainsi que le zeste de citron, du sel et du poivre blanc. Laisse reposer au frais 1 heure.
En parallèle, fais cuire le couscous.

La sauce ensoleillée

Concasse les tomates. Émince les poivrons en petits dés. Fais revenir dans une poêle l'ail dans de l'huile d'olive. Ajoute les épices et laisse-les parfumer l'huile. Verse les tomates et les poivrons.
Coupe finement le piment doux et ajoute-le au mélange.
Termine par les feuilles de laurier. Laisse mijoter doucement 20 à 30 minutes, plus si tu as du temps.

L'assemblage final

Forme des boulettes de la taille d'une noix. Roule-les dans un peu de farine. Dépose-les délicatement dans la sauce. Laisse cuire à feu doux 20 minutes.

Le dressage à l'égyptienne

Dispose un lit de couscous, verse les boulettes et leur sauce, parsème de coriandre fraîche, de lamelles de citron confit et d'un peu de piment d'Espelette.
Ajoute un filet d'huile d'olive pour la brillance.

Conservation

Se garde 2 jours au frais, la sauce n'en sera que meilleure.

ASTUCES

Les erreurs à éviter

- **Trop mixer le poisson :** on veut de la texture.
- **Des boulettes trop grosses :** la cuisson serait inégale.
- **Une sauce trop liquide :** elle doit être onctueuse.
- **Remuer les boulettes trop souvent :** elles pourraient se défaire.

Petits secrets de Sandra

- Un peu de mie de pain trempée dans du lait pour plus de moelleux.
- Quelques pistils de safran infusés dans l'eau chaude.
- Un trait d'harissa dans la sauce pour les aventuriers.
- Toujours servir avec du pain croustillant pour saucer.

Une astuce bonus ?

- Prépare des mini-boulettes pour l'apéritif, servies sur des piques en bois et un peu de sauce à part !

Yalah, à toi de jouer !

Et souviens-toi : comme disait Sandra, « la cuisine méditerranéenne, c'est comme la mer : elle unit plus qu'elle ne sépare ! ».

Les pains

& accompagnements

Préparation : 20 min

Pousse : 2 h

Cuisson : 5 min par pita

Pour 8 pitas

Dans les hauteurs de Santorin, loin des sentiers touristiques, mon ami Serge m'a présenté Dina, qui pétrit son pain chaque matin dans son fournil aux murs blanchis à la chaux. « Le pita », me dit-elle en tapotant la pâte de ses mains farineuses, « c'est de l'amour. » Son four en pierre, chauffé au bois d'olivier, donne à ses pitas ce goût unique qui fait le bonheur de toute l'île.

LE PAIN PITA

en direct de Santorin

Pour la pâte

1 sachet de levure de boulanger fraîche (**25 g**)
300 ml d'eau tiède
1 cuil. à café de sucre en poudre
500 g de farine type 55
1 cuil. à café de sel fin
1 cuil. à soupe d'origan séché (la touche d'Eleni)
2 cuil. à soupe d'huile d'olive extra-vierge

Pour le façonnage

Farine pour le plan de travail
Un peu d'huile d'olive

Pour le dressage

Huile d'olive
Origan frais
Quelques grains de fleur de sel

Les alternatives malignes

Pas de levure fraîche ? 8 g de levure sèche
Pas d'origan ? Du thym séché
Pas de fleur de sel ? Du gros sel concassé
Pas de four classique ? Une pierre à pizza ou une plaque épaisse

LA RECETTE

L'éveil de la pâte

Dans un bol, dilue la levure dans l'eau tiède (ça va l'activer plus vite) avec le sucre. Laisse mousser 10 minutes (si ça ne mousse pas, change de levure !). Dans un grand bol, mélange la farine, le sel et l'origan. Ajoute l'huile d'olive et le mélange levure-eau. Pétris 10 minutes jusqu'à obtenir une pâte souple et élastique.

La patience grecque

Forme une boule et badigeonne-la d'huile d'olive. Couvre d'un linge humide. Fais une sieste et laisse lever 1 h 30 dans un endroit tiède. La pâte doit doubler de volume.

Le façonnage

Dégaze la pâte délicatement. Divise en 8 parts égales. Forme des boules. Laisse reposer 15 minutes sous un linge. Étale chaque boule en cercle (5 mm d'épaisseur). Laisse reposer encore 10 minutes.

La cuisson parfaite

Préchauffe le four au maximum (250 °C) avec la plaque dedans. Dépose les pitas sur la plaque brûlante. Cuis-les 4-5 minutes : ils doivent gonfler comme par magie !

Le dressage à la grecque

Sers les pains pitas encore tièdes, badigeonnés d'huile d'olive et parsemés d'origan frais et de fleur de sel.

Conservation

À déguster le jour même, mais se congèle très bien. Pour réchauffer, quelques secondes au four ou à la poêle.

ASTUCES

Les erreurs à éviter

- **Une eau trop chaude :** elle tuerait la levure.
- **Un pétrissage trop court :** le pain serait dense.
- **Ouvrir le four pendant la cuisson :** adieu les poches d'air !
- **Une pâte trop fine ou trop épaisse :** le pain pita ne gonflerait pas.

Petits secrets de Dina

- Un peu de yaourt grec dans la pâte pour plus de moelleux.
- Vaporiser un peu d'eau dans le four pour créer de la vapeur.
- Empiler les pains pitas chauds sous un torchon propre.
- Toujours garder un peu de pâte pour la prochaine fournée.

Une astuce bonus ?

- Fais des mini-pitas pour l'apéro, à garnir de tzatziki (voir p. 14) et de petits dés de concombre !

Et comme disait Dina : « Un bon pain pita qui gonfle, c'est comme un cœur qui bat : il faut y mettre tout son amour ! »

Yalah, à toi de jouer !

Préparation : 30 min

Pousse : 2 h

Cuisson : 15-20 min

Pour 8 simits

Je me souvenais du parfum des simits tout juste sortis du four au petit matin, dans les ruelles escarpées d'Istanbul. Aussi j'ai demandé à mon ami Murat de m'initier à cette recette et ses techniques.

LE SIMIT
qui fait rêver d'Istanbul

Pour la pâte

7 g de levure sèche de boulanger
300 ml d'eau tiède
1 cuil. à café de sucre en poudre
500 g de farine de blé dur
1 cuil. à café de sel
2 cuil. à soupe d'huile d'olive
1 cuil. à café de sucre en poudre

Pour l'enrobage :

100 g de pekmez (mélasse de raisin)
50 ml d'eau
200 g de graines de sésame
1 jaune d'œuf pour la dorure

Pour le dressage

Fromage blanc salé
Tomates
Concombres frais

Les alternatives malignes

Pas de pekmez ?
Un mélange miel-eau
Pas de farine de blé dur ?
De la farine type 65
Pas assez de sésame ?
Un mélange sésame-pavot
Pas de levure sèche ?
20 g de levure fraîche

LA RECETTE

L'éveil de la pâte

Dilue dans un bol la levure dans l'eau tiède et le sucre. Mélange la farine et le sel dans un grand bol. Ajoute l'huile et la levure diluée. Pétris à la main 15 minutes jusqu'à obtenir une pâte lisse et élastique. Laisse lever 1 h 30 couvert d'un linge humide.

Le façonnage traditionnel

Dégaze la pâte délicatement. Divise-la en 8 parts égales. Roule chaque part en boudin de 50 cm de long. Plie chaque boudin en deux et torsade-les. Forme un anneau en soudant les extrémités. Laisse reposer 30 minutes.

L'enrobage précieux

Dilue dans un bol le pekmez avec l'eau. Étale les graines de sésame sur un plateau. Trempe chaque anneau dans le pekmez et roule-les généreusement dans le sésame. Dépose-les sur une plaque recouverte de papier sulfurisé.

La cuisson dorée

Préchauffe le four à 200 °C. Badigeonne chaque anneau de jaune d'œuf. Enfourne 15-20 minutes jusqu'à ce que le sésame soit bien doré.

Le dressage à l'istanbuliote

Sers les simits encore tièdes, accompagnés de fromage blanc salé, de tomates et de concombres frais.

Conservation

À déguster le jour même, mais se congèle bien. Réchauffe quelques minutes au four pour retrouver le croustillant.

ASTUCES

Les erreurs à éviter

- **Une pâte trop molle :** les anneaux perdraient leur forme.
- **Un enrobage trop liquide :** le sésame ne tiendrait pas.
- **Une cuisson trop douce :** on veut du croustillant !
- **Des anneaux trop épais :** ils seraient pâteux à l'intérieur.

Petits secrets de Murat

- Torréfier légèrement le sésame avant utilisation.
- Un peu de mahlab (épice de noyaux de cerises) dans la pâte.
- Double trempage dans le pekmez pour plus de saveur.
- Vaporiser un peu d'eau dans le four pour la croûte.

Une astuce bonus ?

- Fais des mini-simits pour l'apéro, parfaits avec du houmous ou du tarama !

Yalah, à toi de jouer !

Et comme disait Murat : « Un bon simit, c'est comme un bon ami : réconfortant et tendre ! » Enfin, c'est ce que j'ai compris, je ne parle pas bien le turc...

Préparation : 35 min | Pousse : 1 h 30 min | Cuisson : 8-10 min | Pour 8 manakish

C'est dans sa cuisine parisienne, un dimanche matin, que mon ami Bech m'a transmis les secrets du manakish. Cet expatrié libanais, nostalgique des saveurs de son pays, avait appris cette recette de sa mère avant de quitter Beyrouth. « Tu vois », me disait-il en étalant le zaatar sur la pâte avec une nostalgie visible, « quand le parfum du manakish envahit ma cuisine, j'ai l'impression d'être de retour au Liban, dans la cuisine de ma mère. » Chaque week-end, il perpétue ce rituel qui fait le bonheur de Laurent, son compagnon, et transforme son appartement en un petit coin de Beyrouth.

LE MANAKISH,

l'héritage de Bech

Pour la pâte

7 g de levure sèche
300 ml d'eau tiède
1 pincée de sucre en poudre
500 g de farine type **55**
1 cuil. à café de sel

Pour le zaatar maison

2 cuil. à soupe de graines de sésame
4 cuil. à soupe de thym séché
2 cuil. à soupe de sumac moulu
1 cuil. à café d'origan séché
1 pincée de sel fin
2 cuil. à soupe d'huile d'olive

Pour le topping

120 ml d'huile d'olive extra-vierge
Le mélange de zaatar
Quelques tomates cerises (facultatif)
Pignons de pin dorés (pour les gourmands)

Pour le dressage

Olives
Tomates fraîches
Labneh

Les alternatives malignes

Pas de sumac ? Des zestes de citron séché
Pas de thym libanais ? Du thym ordinaire
Pas de temps ? Du zaatar tout prêt de qualité
Pressé ? Une pâte à pizza fine

LA RECETTE

La pâte qui fait rêver

Dilue dans un bol la levure dans l'eau tiède et le sucre. Mélange la farine et le sel dans un grand bol. Ajoute l'huile et la levure diluée. Pétris à la main 15 minutes jusqu'à obtenir une pâte lisse et élastique. Laisse lever 1 h 30 couvert d'un linge humide.

Le zaatar parfumé

Torréfie légèrement dans une poêle les graines de sésame. Mélange tous les ingrédients du zaatar dans un grand bol. Écrase légèrement au mortier pour libérer les arômes. Ajoute l'huile d'olive pour former une pâte.

Le façonnage libanais

Divise la pâte en 8 boules égales. Étale chaque boule en un disque (0,5 cm d'épaisseur). Fais des petits creux avec tes doigts. Garnis-les généreusement de zaatar.

La cuisson

Préchauffe le four à 220°C. Dépose les manakishs sur une plaque de cuisson. Enfourne pour 8 à 10 minutes.

Le dressage beyrouthin

Sers les manakishs bien chaudes, pliées en deux, avec des olives, des tomates fraîches et du labneh.

Conservation

À déguster le jour même, idéalement sortant du four !

ASTUCES

Les erreurs à éviter

- **Une pâte trop fine :** elle serait trop sèche.
- **Trop de zaatar :** la pâte ne cuirait pas.
- **Un four pas assez chaud :** on veut des bulles !
- **Oublier les creux dans la pâte :** le zaatar glisserait.

Petits secrets de Bech

- Un peu de marjolaine dans le zaatar.
- Une pincée de piment d'Alep dans le mélange.
- Des tomates cerises écrasées sur certains.
- Un filet de miel sur le zaatar avant cuisson.

Une astuce bonus ?

- Prépare des mini-manakishs pour l'apéro, coupés en quartiers !

Yalah, à toi de jouer !

« Un bon manakish au petit déjeuner, et la journée ne peut être que belle ! »

LE RIZ PILAF

qui voyage entre Istanbul et Paris

C'est lors d'un dîner chez Mudo, dans son appartement du Marais, que j'ai découvert la magie de ce riz pilaf. Sa cuisinière faisait ce riz de façon incroyable. « En Turquie », m' a-t-elle confié en ajoutant une pincée de cardamome, « chaque famille a sa version du pilaf. La mienne vient de ma grand-mère qui ajoutait toujours des pignons dorés et des raisins secs pour les occasions spéciales. »

Préparation : 15 min | Trempage : 30 min | Cuisson : 20 min | Pour 6 personnes

Les ingrédients magiques

400 g de riz long basmati
60 g d'amandes effilées
2 oignons finement émincés
3 cuil. à soupe d'huile d'olive
3 gousses de cardamome vertes
1 bâton de cannelle
750 ml de bouillon de volaille chaud
60 g de raisins secs blonds
2 feuilles de laurier
Sel et poivre blanc

Pour le dressage

Pignons de pin dorés
Persil plat frais
Huile d'olive
Sumac moulu

Les alternatives malignes

Pas de cardamome ? Un peu de cumin et de cannelle
Pas de raisins secs blonds ? Des cranberries
Pas de pignons ? Plus d'amandes effilées
Pas de sumac ? Un zeste de citron

LA RECETTE

La préparation du riz

Rince le riz jusqu'à ce que l'eau soit claire. Laisse-le tremper 30 minutes dans un saladier d'eau froide. Égoutte-le soigneusement.

La base parfumée

Fais dorer les amandes dans une poêle à sec. Dans une cocotte, fais revenir les oignons dans l'huile. Ajoute les épices entières et laisse-les parfumer l'huile. Incorpore le riz et nacre-le quelques minutes.

La cuisson parfaite

Verse le bouillon chaud. Ajoute les raisins secs et la moitié des amandes. Couvre et laisse cuire à feu doux 18 minutes. Laisse reposer 5 minutes hors du feu.

Le dressage à la turque

Dresse le riz en dôme, parsème du reste des amandes effilées, de pignons dorés et de persil ciselé. Un filet d'huile d'olive et une pincée de sumac pour la touche finale.

Conservation

Se garde 2 jours au frais. Réchauffe à la vapeur ou au micro-ondes avec quelques gouttes d'eau.

ASTUCES

Les erreurs à éviter

- Trop remuer le riz pendant la cuisson.
- Un bouillon pas assez chaud.
- Oublier de rincer le riz.
- Négliger le temps de repos.

Petits secrets de Mudo

- Un peu de beurre clarifié pour plus de gourmandise.
- Une feuille de citronnier séché dans le riz.
- Les raisins trempés dans l'eau tiède avant.
- Un papier sulfurisé sous le couvercle.

Une astuce bonus ?

- Pour un plat complet, ajoute des morceaux de poulet mariné aux épices !

Préparation de la pâte : 20 min

Pousse : 2 h

Cuisson : 3-4 min par pain

Pour : 8 fricassés

La première fois que j'ai goûté un véritable fricassé, c'était au Parc des Princes avec Pierrot Alan, un ami de mon père. Ce fut un choc. Puis beaucoup plus tard sur le port de La Goulette, près de Tunis. L'odeur du pain frit et des œufs mijotés se mêlait aux embruns marins, créant cette atmosphère unique des matins tunisiens. Le souvenir de Pierrot m'est immédiatement revenu. Le fricassé, ce sandwich généreux né dans les quartiers populaires, raconte à lui seul l'histoire de la Tunisie : un mélange parfait de générosité et de gras, un condensé de saveurs méditerranéennes.

LES FRICASSÉS

de Ronite

Pour le pain

10 g de levure de boulanger fraîche
150 ml d'eau tiède + **120 ml**
500 g de farine type 55
1 cuil. à soupe de sucre en poudre
1 cuil. à café de sel
1 œuf
3 cuil. à soupe d'huile d'olive
120 ml d'eau température ambiante
Huile pour la friture

Pour la garniture

Harissa
Slata méchouia
8 œufs durs
2 carottes cuites
4 pommes de terre moyennes cuites
200 g de thon à l'huile
Olives noires dénoyautées
Câpres
Citron confit
Persil plat frais
Ciboulette fraîche
Huile d'olive

Les alternatives malignes

Pas de méchouia ? Des poivrons grillés mixés avec du cumin

Pas d'harissa ? Une purée de piments rouges avec de l'ail

Pas de citron confit ? Du zeste de citron frais

Pressé ? Des petits pains briochés du boulanger

LA RECETTE

La pâte parfaite

Dilue dans un bol la levure dans 150 ml d'eau tiède. Dans le bol du robot, mélange la farine, le sucre, le sel et l'eau restante. Ajoute la levure diluée. Incorpore l'œuf. Verse l'huile d'olive. Pétris à petite vitesse jusqu'à obtenir une pâte souple. Transfère dans un saladier fariné. Passe ta main huilée sur la surface. Couvre d'un torchon et laisse doubler de volume (1 h 30).

Le façonnage délicat

Étale la pâte au rouleau sur 1,5 cm d'épaisseur. Découpe des disques avec un emporte-pièce. Étire légèrement chaque disque dans le sens de la longueur. Laisse gonfler 30 minutes sous un torchon.

La cuisson dorée

Chauffe l'huile de friture dans une casserole à 170 °C. Plonge les pains quelques minutes de chaque côté. Ils doivent être bien dorés. Égoutte sur du papier absorbant.

Le montage gourmand

Ouvre le pain en portefeuille. Tartine généreusement d'harissa. Ajoute la méchouia. Dispose des rondelles d'œuf dur. Ajoute les légumes en lamelles. Émiette le thon. Parsème d'olives et de câpres. Termine par le citron confit haché, les herbes fraîches ciselées et un filet d'huile d'olive.

Le dressage traditionnel

Enveloppe le fricassé dans du papier sulfurisé, comme à La Goulette. C'est un sandwich qui se mange avec les doigts !

Conservation

Les pains se congèlent très bien une fois frits. Pour la garniture, tout doit être préparé au dernier moment.

ASTUCES

Les erreurs à éviter

- **Une pâte trop fine :** le pain serait trop sec.
- **Une huile pas assez chaude :** le pain serait gras.
- **Trop de garniture :** impossible à manger !
- **Oublier de laisser gonfler la pâte une seconde fois.**

Petits secrets de réussite

- La température de l'huile est cruciale.
- Préparer tous les ingrédients avant le montage.
- Du papier sulfurisé entre les pains frits.
- Une pâte bien pétrie pour des pains moelleux.

Une astuce bonus ?

- Mélange l'harissa avec du jus de citron et de l'huile d'olive, une tuerie.

Yalah, à toi de jouer !

Un vrai fricassé tunisien, c'est tout un art : généreux, parfumé et réconfortant !

LE LABNEH MAISON,

une leçon de patience qui en vaut la peine

Certains matins, en préparant mon labneh, je repense à cette épicerie libanaise nichée dans le quartier du Sentier à Paris. Le vieux monsieur qui la tenait m'avait confié, entre deux clients, que le secret d'un bon labneh ne résidait pas dans la recette elle-même – somme toute assez simple –, mais dans la patience qu'on lui accorde et la qualité du yaourt qu'on choisit. « Le temps », disait-il en montrant ses bocaux alignés, « est le meilleur ami des cuisiniers. »

Préparation : 10 min

Égouttage : 12-24 h

Pour environ 500 g de labneh

Les ingrédients magiques

1 kg de yaourt grec entier
1 cuil. à café de sel fin
1 mousseline (ou étamine propre)

Pour le dressage

Huile d'olive extra-vierge
Zaatar frais (voir p. 165)
Piment d'Alep
Sumac moulu
Quelques feuilles de menthe fraîche
Quelques tomates cerises
Pain grillé

Les alternatives malignes

Pas de yaourt grec ?
Du fromage blanc à 40 % MG
Pas de zaatar ?
Un mélange thym sésame
Pas de sumac ?
Des zestes de citron
Pas de piment d'Alep ?
Du paprika fumé

LA RECETTE

La préparation

Mélange délicatement dans un saladier le yaourt avec le sel. Tapisse une passoire d'une mousseline. Verse le mélange au centre. Noue les coins de la mousseline. Suspends au-dessus d'un bol.

La patience

Laisse égoutter au frais 12 heures pour un labneh crémeux, 24 heures pour un labneh plus ferme. Ne presse pas, laisse faire le temps.

Le façonnage

Récupère le labneh. Forme des quenelles ou des boules ou étale-le en vagues dans une assiette creuse.

Le dressage qui voyage

Version mezzé : creuse des puits, verse l'huile d'olive, saupoudre de zaatar, de piment et de sumac. Version boules : conserve dans l'huile avec de la menthe fraîche. Version tartine : étale sur du pain grillé avec des tomates cerises.

Conservation

Environ 1 semaine au frais dans un récipient hermétique ou 2 semaines pour les boules dans l'huile.

ASTUCES

Les erreurs à éviter

- **Trop presser le yaourt :** il deviendrait granuleux.
- **Négliger la qualité du yaourt de départ.**
- **Oublier le sel :** il aide à l'égouttage.
- **Une mousseline pas assez propre.**

Petits secrets de chef

- Un yaourt à température ambiante s'égoutte mieux.
- Une pincée d'herbes dans le yaourt avant égouttage.
- Des petites boules conservées dans l'huile.
- Un peu de miel pour une version sucrée.

Une astuce bonus ?

- Prépare un labneh aux herbes en incorporant de la menthe, de la ciboulette et de l'aneth finement ciselés avant l'égouttage.

Plats végétariens

& végétaliens

LA CHAKCHOUKA, l'héritage de famille

Comme le disait ma tante Janine, chacun a sa version de la chakchouka. La mienne vient de ma mère Michèle, qui la tenait elle-même de sa maman Fanny (ma grand-mère). Dans notre famille, les recettes se transmettent à l'oral, avec ce fameux « tu mets un peu de ça, tu goûtes, et si besoin tu rajoutes... ». Alors rouge ou verte, avec ou sans œufs, avec ou sans harissa, et peu importe comment on la prononce, c'est avant tout une histoire de transmission et d'amour.

Préparation : 20 min

Cuisson : 35 min

Pour 4 personnes

LA RECETTE

La base parfumée

Émince finement l'oignon. Fais-le suer dans un faitout avec l'huile d'olive et le sucre. Pendant ce temps, coupe les poivrons en morceaux d'environ 1 cm de côté.

La patience qui paye

Quand les oignons deviennent translucides, ajoute les poivrons. Laisse cuire en remuant environ 5 minutes. Verse l'eau et le paprika. Couvre et laisse mijoter 10 minutes.

L'alchimie des saveurs

Continue la cuisson à découvert. Ajoute l'ail écrasé. Laisse l'eau s'évaporer complètement. Verse la sauce tomate et l'harissa. Laisse mijoter encore 10 minutes. Ajoute les tomates coupées en morceaux.

Le final qui enchante

Casse délicatement les œufs sur le dessus. Enfourne à 200 °C jusqu'à ce que les œufs soient cuits à ton goût. Parsème de persil plat ciselé. Un dernier tour de moulin à poivre et une pincée de sel.

Le dressage en famille

Pose le plat directement sur la table, avec du bon pain pour saucer. Comme on dit chez nous : « Le plus important n'est pas de savoir comment on le prononce, mais de partager ce moment ensemble ! »

Les ingrédients magiques

1 oignon rouge épluché

5 cl d'huile d'olive (et même plus, chez nous on ne compte pas !)

½ cuil. à café de sucre en poudre

2 poivrons rouges

1 verre d'eau

1 cuil. à café de paprika moulu

2 gousses d'ail épluchées

20 cl de sauce tomate

½ cuil. à café d'harissa moulue

3 tomates bien mûres

4 œufs

2 brins de persil plat frais (ou de coriandre)

Sel et poivre du moulin

ASTUCES

Les erreurs à éviter

- Trop remuer après avoir ajouté les œufs.
- Négliger le temps de mijotage des poivrons.
- Oublier le sucre qui équilibre l'acidité des tomates.

Une astuce de maman ?

- Si les tomates ne sont pas de saison, double la quantité de sauce tomate et garde les tomates fraîches pour l'été.

LES POIS CHICHES CROUSTILLANTS,

l'or du Moyen-Orient

Le pois chiche, cette petite merveille dorée, est bien plus qu'une simple légumineuse. Depuis des millénaires, il nourrit les civilisations méditerranéennes, se transformant tour à tour en houmous onctueux, en falafels croustillants ou en tajines réconfortants. Mais c'est peut-être dans sa version la plus simple, grillé et épicé, qu'il révèle toute sa noblesse. Croustillant à l'extérieur, fondant à l'intérieur, un en-cas irrésistible !

Trempage : 12 h | Préparation : 15 min | Cuisson : 1 h 15 | Pour 6 personnes

LA RECETTE

La préparation des pois chiches

Fais tremper les pois chiches 12 heures dans un saladier d'eau froide. Rince-les abondamment. Cuis-les dans une casserole d'eau bouillante 30 à 40 minutes, jusqu'à ce qu'ils soient tendres. Égoutte-les soigneusement. Sèche-les dans un torchon propre.

L'art du croustillant

Préchauffe le four à 200 °C. Étale les pois chiches sur une plaque de cuisson. Sèche-les 10 minutes au four. Mélange-les avec l'huile d'olive, le zaatar et les épices. Enfourne à nouveau 20 à 25 minutes en remuant régulièrement.

La touche finale

Sortis du four, parsème de zeste de citron. Ajoute quelques gouttes de jus de citron. Saupoudre de fleur de sel et de poivre noir. Laisse refroidir légèrement.

Le dressage qui invite au partage

Sers dans un grand bol en terre cuite, encore tiède, avec un filet d'huile d'olive et quelques brins de persil ciselés.

Conservation

Dans une boîte hermétique, ils restent croustillants 3-4 jours (s'ils survivent jusque-là !).

Les ingrédients magiques

500 g de pois chiches secs
3 cuil. à soupe d'huile d'olive
3 cuil. à soupe de zaatar (voir p. 165)
2 cuil. à café de cumin moulu
1 cuil. à café de paprika moulu
2 cuil. à café d'ail en poudre
Le zeste et le jus de **1** citron
Fleur de sel
Poivre noir fraîchement moulu

Pour le dressage

Huile d'olive
Persil frais

ASTUCES

Les erreurs à éviter

- **Trop d'humidité :** les pois chiches ne croustilleraient pas.
- **Une température trop élevée :** les pois chiches brûleraient.
- **Trop d'épices :** elles masqueraient le goût naturel.
- **Ne pas remuer les pois chiches pendant la cuisson.**

Petits secrets de chef

- Des pois chiches bien secs avant la cuisson au four.
- Une température constante pour un croustillant parfait.
- Des épices ajoutées en cours de cuisson pour ne pas brûler.
- Un refroidissement naturel pour plus de croquant.

Une astuce bonus ?

- Varie les épices selon tes envies : curry, ras el-hanout, ou simplement sel et poivre.

Préparation : 45 min

Repos ou égouttage : 30 min

Cuisson : 1 h

Pour 6 personnes

Dans mon potager normand (oui oui), les aubergines violettes brillent au soleil comme des joyaux. Cette recette est née un soir d'été où, débordant de légumes fraîchement cueillis, j'ai voulu créer un plat qui célébrerait la générosité de la terre. Les parfums du thym et du romarin se mêlaient à celui des pignons grillés, pour cette cuisine improvisée aux saveurs de Méditerranée.

LES AUBERGINES FARCIES

qui racontent la Méditerranée

Pour les aubergines

6 aubergines moyennes et fermes
Huile d'olive extra-vierge
2 poivrons (**1** rouge, **1** jaune)
3 tomates bien mûres
2 courgettes
100 g de pignons de pin
2 oignons épluchés
3 gousses d'ail épluchées
1 bouquet de persil plat frais
1 bouquet de basilic frais
2 brins de thym frais
Sel

Pour le dressage

100 g de feta
Pignons grillés supplémentaires
Quelques feuilles de basilic frais
Huile d'olive
Piment d'Alep (ou d'Espelette)

Les alternatives malignes

Pas de pignons ? Des amandes effilées
Pas de feta ? Du pecorino râpé
Pas d'aubergines violettes ? Des blanches
Pas de poivrons frais ? Des poivrons grillés en bocal

LA RECETTE

La préparation des aubergines

Lave et coupe les aubergines en deux dans la longueur. Incise la chair en traçant des croisillons sans percer la peau. Badigeonne d'huile d'olive. Sale légèrement et laisse dégorger 30 minutes. Préchauffe le four à 180 °C. Cuis environ 30 minutes, jusqu'à ce que la chair soit tendre.

La farce parfumée

Taille tous les légumes en petits dés. Fais dorer les pignons à sec dans une poêle. Fais revenir dans une poêle, avec de l'huile d'olive, les oignons et l'ail émincés. Ajoute les légumes un à un. Parfume d'herbes fraîches. Laisse mijoter 15 minutes à feu doux.

L'assemblage

Évide délicatement les aubergines. Hache grossièrement la chair prélevée. Incorpore-la à la farce. Remplis généreusement les aubergines. Arrose d'un filet d'huile d'olive. Dispose les aubergines dans un grand plat et émiette la feta par-dessus. Remets les aubergines au four 10 minutes à 180 °C pour faire gratiner.

Le dressage qui enchante

Parsème de pignons grillés et de basilic ciselé. Un filet d'huile d'olive et une pincée de piment d'Alep ou d'Espelette pour finir.

Conservation

Se garde 2 jours au frais. Réchauffe au four à 160 °C pour garder le moelleux.

ASTUCES

Les erreurs à éviter

- **Ne pas faire dégorger les aubergines :** elles seraient amères.
- **Trop cuire la farce :** on veut garder du croquant.
- **Une farce trop humide :** les aubergines seraient détrempées.

Petits secrets de réussite

- Un peu de chapelure sur le dessus pour le croustillant.
- Des tomates bien mûres pour plus de goût.
- Les herbes ajoutées au dernier moment.
- Un plat allant au four légèrement huilé.

Une astuce bonus ?

- Prépare la farce la veille, les saveurs n'en seront que meilleures !

Préparation : 45 min

Repos ou égouttage : 30 min

Cuisson : 1 h 35

Pour 6-8 personnes

Dans la taverne de Vavros, à Vouliagméni, où les vagues venaient presque lécher les pieds des tables, cette moussaka était notre rituel familial. Le soir tombait doucement sur la baie, les bougies s'allumaient une à une, et l'odeur de cannelle et d'aubergines grillées nous mettait l'eau à la bouche. Vavros, avec son tablier blanc impeccable, surveillait chaque moussaka qui sortait de sa cuisine comme un trésor.

LA MOUSSAKA VÉGÉTARIENNE

de Vouliagméni

Pour les légumes

3 grosses aubergines

2 courgettes

2 pommes de terre

Huile d'olive

Sel

Pour la sauce aux lentilles

250 g de lentilles vertes

2 oignons épluchés

3 gousses d'ail épluchées

400 g de tomates concassées

1 bâton de cannelle

1 cuil. à café d'origan séché

1 feuille de laurier

Pour la béchamel grecque

75 g de beurre

75 g de farine

750 ml de lait chaud

Noix de muscade

2 œufs

100 g de kefalograviera râpé (ou de parmesan)

Sel et poivre

LA RECETTE

La préparation des légumes

Coupe les aubergines en tranches. Sale-les et laisse-les dégorger 30 minutes. Épluche les pommes de terre. Coupe les courgettes et les pommes de terre en rondelles. Sèche les aubergines. Badigeonne tous les légumes d'huile d'olive. Fais-les griller au four à 200 °C pendant 30 minutes.

La sauce aux lentilles

Cuis les lentilles dans une casserole d'eau jusqu'à ce qu'elles soient tendres. Fais revenir les oignons et l'ail émincés dans un faitout. Ajoute les tomates, les épices et le laurier. Incorpore les lentilles égouttées. Laisse mijoter 20 minutes.

La béchamel à la grecque

Prépare dans une casserole un roux avec le beurre et la farine. Verse le lait chaud progressivement. Ajoute la muscade. Hors du feu, incorpore les œufs battus. Ajoute le kefalograviera (en garder pour gratiner au four). Sale et poivre.

Le montage

Alterne une couche de légumes et une couche de lentilles jusqu'à épuisement des ingrédients. Termine par la béchamel. Saupoudre du kefalograviera restant. Enfourne 45 minutes à 180 °C.

Le dressage

Sers en portions généreuses, avec une salade grecque fraîche et du bon pain.

Conservation

Se garde 3 jours au frais et se réchauffe au four.

ASTUCES

Les erreurs à éviter

- Des légumes trop huileux.
- Une sauce trop liquide.
- Une béchamel pas assez crémeuse.
- Une cuisson trop rapide.

Les secrets de Vavros

- Les légumes doivent être grillés, pas frits.
- La sauce aux lentilles doit être épaisse.
- La béchamel, c'est la signature du plat.
- Laisser reposer 15 minutes avant de servir.

Une astuce bonus ?

- Prépare la sauce aux lentilles la veille, les saveurs se développeront mieux.

Yalah, à toi de jouer !

Comme dit Vavros :
« La tradition n'est pas une prison, c'est une inspiration ! »

LE CHOU-FLEUR RÔTI AU ZAATAR,

une révélation de Jérusalem

C'est dans une ruelle étroite de Jérusalem que j'ai découvert ce plat. Le petit restaurant ne payait pas de mine, j'avais faim et l'odeur qui s'en échappait était irrésistible. Le chef faisait rôtir des choux-fleurs entiers dans un four en pierre. Parfois la simplicité est en fait juste ce dont nous avons besoin.

Préparation : 15 min

Cuisson : 1 h 05-1 h 20 en fonction de la taille du chou-fleur

Pour 4-6 personnes

LA RECETTE

La préparation du chou-fleur

Retire les feuilles vertes.
Coupe le pied pour qu'il tienne droit.
Lave-le délicatement sans le défaire.
Sèche-le soigneusement.
Préchauffe le four à 200 °C.

L'onction parfumée

Mélange dans un grand bol l'huile d'olive avec le zaatar. Ajoute l'ail écrasé et le jus de citron. Badigeonne généreusement tout le chou-fleur. Pour cela, aide-toi de ta main. N'oublie pas les interstices. Sale et poivre.

La cuisson patiente

Place le chou-fleur dans un plat allant au four. Verse un petit verre d'eau au fond. Couvre de papier d'aluminium. Cuis 1 heure à couvert. Retire le papier d'aluminium et poursuis la cuisson 15 minutes. Le chou-fleur doit être doré et tendre.

Le dressage spectaculaire

Place le chou-fleur entier sur un plat de service. Arrose-le de tahini. Parsème de graines de grenade, d'amandes grillées et termine par le persil ciselé.

Conservation

À déguster de préférence le jour même, tiède ou à température ambiante.

Les ingrédients magiques

1 beau chou-fleur entier
4 cuil. à soupe d'huile d'olive
2 cuil. à soupe de zaatar (voir p. 165)
2 gousses d'ail épluchées
Le jus de **1** citron
Fleur de sel
Poivre noir du moulin

Pour le dressage

Tahini
Grenade fraîche
Amandes effilées grillées
Persil plat frais

ASTUCES

Les erreurs à éviter

- **Trop cuire :** le chou-fleur deviendrait mou.
- **Pas assez d'huile :** le chou-fleur sécherait.
- **Oublier le fond d'eau :** la cuisson serait inégale.
- **Ne pas laisser le plat tiédir ou refroidir.**

Petits secrets de chef

- Un chou-fleur bien sec avant l'assaisonnement.
- Une cuisson d'abord à l'étouffée, puis à découvert.
- Un zaatar de qualité.
- Une température de four stable.

Une astuce bonus ?

- Pour une version plus épicée, ajoute une pointe d'harissa à l'huile de zaatar.

Les viandes

& volailles

LE POULET AU SUMAC

et oignons caramélisés

Dans les hauteurs de Bethléem, chez Samir, le musakhan est une institution. Son petit restaurant, avec sa terrasse qui surplombe les collines, ne paie pas de mine, mais l'adresse se partage entre amis. Son poulet au sumac, servi sur un pain taboun encore fumant, est devenu légendaire. « Le sumac est l'âme de ce plat. Il doit titiller vos papilles quand vous mangez, c'est le signe qu'il est réussi. »

Marinade : 2 h | Préparation : 30 min | Cuisson : 1 h 15 | Pour 6 personnes

LA RECETTE

La marinade parfumée

Mélange dans saladier le sumac, l'huile d'olive, le jus de citron, l'ail écrasé, les oignons émincés, la cardamome, du sel et du poivre. Masse le poulet avec ce mélange. Laisse mariner 2 heures au frais. Sors le poulet 30 minutes avant la cuisson.

Les oignons fondants

Émince finement les oignons. Fais-les revenir dans une poêle dans de l'huile d'olive à feu doux pendant 30 minutes. Ajoute les pignons de pin et le sumac ensuite. Laisse-les caraméliser lentement, puis réserve au chaud.

La cuisson du poulet

Préchauffe le four à 200 °C. Dispose le poulet dans un plat. Arrose-le d'huile de marinade. Cuis-le 45 minutes en l'arrosant régulièrement. Les morceaux doivent être dorés et juteux.

Le dressage traditionnel

Sur un grand plat, dispose le pain, recouvre d'oignons caramélisés, place le poulet dessus, parsème de pignons grillés et de persil ciselé. Un dernier nuage de sumac pour finir.

Conservation

Se déguste de préférence immédiatement, mais peut se réchauffer doucement au four.

Pour le poulet

4 cuil. à soupe de sumac moulu
4 cuil. à soupe d'huile d'olive
Le jus de **2** citrons
4 gousses d'ail épluchées
4 gros oignons épluchés
1 cuil. à café de cardamome moulue
Sel et poivre
1 poulet fermier découpé en morceaux

Pour les oignons

6 gros oignons épluchés
2 cuil. à soupe de pignons de pin
3 cuil. à soupe de sumac moulu
Huile d'olive

Pour le dressage

Pain taboun (ou pain arabe)
Pignons grillés
Persil plat frais
Sumac moulu supplémentaire

ASTUCES

Les erreurs à éviter

- Un poulet trop sec.
- Des oignons brûlés.
- Pas assez de sumac.
- Un four trop chaud.

Les secrets de Samir

- Le sumac doit être frais et parfumé.
- Les oignons doivent fondre comme du beurre.
- Le poulet doit rester juteux.
- Le pain doit s'imprégner des jus.

Une astuce bonus ?

- Garde un peu d'oignons caramélisés à part pour les servir en accompagnement.

LES CÔTELETTES D'AGNEAU

marinées à l'origan de Gérard

Dans notre jardin, les herbes aromatiques poussaient en abondance. Mon père avait un faible pour l'origan qu'il cultivait précieusement. Le dimanche, c'était son rituel : il cueillait les branches fraîches au petit matin, préparait sa marinade en sifflotant, et sortait son vieux gril en fonte. « L'agneau, c'est comme un bon vin, il faut savoir le respecter et l'apprécier. » Le parfum des herbes grillées attirait tout le monde autour de la table, pas besoin de nous appeler.

Marinade : 4 h minimum | Préparation : 15 min | Cuisson : 10 min | Pour 6 personnes

LA RECETTE

La marinade de Gérard

Effeuille l'origan. Écrase l'ail avec le plat du couteau. Mélange dans un grand bol l'huile d'olive, le vin et le jus et le zeste des citrons. Enduis généreusement les côtelettes de cette marinade. Sale et poivre. Couvre-les et laisse-les mariner au frais pendant 4 heures.

Le beurre parfumé

Laisse le beurre ramollir. Hache finement l'origan et l'ail. Mélange-les avec le beurre mou. Forme un rouleau dans du film alimentaire. Réserve au frais.

La cuisson au gril

Sors les côtelettes 30 minutes avant de commencer la cuisson. Chauffe le gril à feu vif. Pour un agneau rosé, cuis les côtelettes 3 à 4 minutes de chaque côté. Laisse reposer 5 minutes avant de servir.

Le dressage en famille

Dispose les côtelettes sur un grand plat, dépose une rondelle de beurre parfumé sur chacune, accompagne de pommes de terre au four et d'une ratatouille.

Conservation

L'agneau, c'est comme le bonheur, ça se déguste sur le moment !

Pour les côtelettes

4 brins d'origan frais
4 gousses d'ail épluchées
3 cuil. à soupe d'huile d'olive
1 verre de vin blanc sec
Le zeste et le jus de **2** citrons
12 côtelettes d'agneau premières
Sel et poivre du moulin

Pour le beurre d'accompagnement

125 g de beurre demi-sel
2 brins d'origan frais
1 gousse d'ail épluchée
Poivre du moulin

ASTUCES

Les erreurs à éviter

- Une marinade trop longue.
- Un gril pas assez chaud.
- Trop manipuler les côtelettes.
- Saler avant la cuisson.

Les secrets de Gérard

- L'origan doit être cueilli le jour même.
- Le gril doit être brûlant.
- Le temps de repos est sacré.

Une astuce bonus ?

- Gérard gardait toujours quelques brins d'origan pour les jeter sur les braises au dernier moment, créant un délicieux parfum de garrigue.

LE SHISH TAOUK,

brochettes de poulet mariné

C'est sur la corniche de Tel Aviv, entre mer et ville, que je vois une longue file de personnes attendant devant un petit stand qui semble ne pas désemplir. Curieux, je m'avance et découvre ces brochettes sur le gril, elles semblent magnifiques et l'odeur qui s'en dégage finit de me convaincre. Je dois faire la queue et je dois les goûter.

Marinade : 12-24 h

Préparation : 20 min

Cuisson : 12-15 min

Pour 6 personnes

LA RECETTE

La marinade

Coupe le poulet en dés réguliers. Écrase l'ail avec du sel. Mélange tous les ingrédients de la marinade dans un plat. Enrobe bien le poulet. Couvre et réserve au frais pendant 12 à 24 heures.

La préparation

Égoutte légèrement le poulet. Monte les brochettes. Laisse revenir à température ambiante 30 minutes. Préchauffe le gril à feu vif.

La cuisson

Fais griller 12 à 15 minutes en tournant régulièrement les piques. Badigeonne d'huile de la marinade en cours de cuisson. Le poulet doit être doré mais juteux.

Le dressage traditionnel

Retire la viande des brochettes et place les dés sur du pain pita chaud, accompagne de tomates grillées, d'oignons émincés et de persil plat ciselé. Sers avec la sauce toum.

Conservation

À déguster immédiatement pour profiter du croustillant et du moelleux.

Les ingrédients magiques

1 kg de blancs de poulet
250 g de yaourt grec
6 gousses d'ail épluchées
Le jus de **2** citrons
2 cuil. à soupe d'huile d'olive
1 cuil. à café de paprika molu
1 cuil. à café de sumac moulu
1 cuil. à café d'origan séché
½ cuil. à café de cardamome moulue
Sel et poivre blanc

Pour le dressage

Pain pita chaud
Tomates cerises
Oignons rouges épluchés
Persil plat frais
Sauce toum (aïoli libanais, voir p. 157)

ASTUCES

Les erreurs à éviter

- Une marinade trop courte.
- Des morceaux inégaux.
- Une cuisson trop lente.
- Trop manipuler les brochettes.

Les secrets de Moshe

- Le yaourt doit être bien égoutté.
- L'ail frais fait toute la différence.
- Ne pas trop serrer les morceaux sur les brochettes.
- Le gril doit être très chaud.

Une astuce bonus ?

- Garde un peu de marinade (sans poulet cru) pour badigeonner les brochettes en fin de cuisson.

Préparation : 15 min

Repos : 15 min

Cuisson : 8-10 min

Pour 4 personnes

De Marseille à Beyrouth, en passant par Tel-Aviv et Thessalonique, chaque cuisine du bassin méditerranéen a sa version de la boulette de viande épicée. Qu'on les appelle keftas, köftes ou polpettes, elles racontent toutes la même histoire : celle d'une cuisine populaire où l'art des épices transforme le simple en sublime. Dans chaque maison, dans chaque restaurant familial, la recette se transmet et s'adapte, mais le principe reste le même : une viande parfumée, une cuisson attentive et ce petit nuage de vapeur final qui fait toute la différence.

LES KEFTAS,

l'art de la boulette qui nous envoûte

Les ingrédients magiques

400 g de viande hachée d'agneau (ou bœuf)
2 cuil. à soupe de cumin moulu
2 cuil. à soupe de paprika moulu
2 cuil. à soupe de ras el-hanout moulu
2 oignons nouveaux avec leurs tiges, finement ciselés
1 cuil. à soupe d'huile d'olive + **1** filet pour la cuisson
1 œuf
3 cuil. à soupe de chapelure
1 cuil. à café de concentré de tomate
1 cuil. à café d'harissa
Sel et poivre du moulin

Pour le dressage

Boulgour
Salade de tomates et oignons
Pain frais
Citrons
Persil plat frais

LA RECETTE

La préparation

Dans un grand bol, mélange la viande avec tous les ingrédients. Malaxe délicatement à la main. La préparation doit être homogène mais pas trop travaillée. Laisse reposer 15 minutes au frais.

Le façonnage

Forme des boulettes de taille égale. Dispose-les sur du papier sulfurisé. Aplatis-les légèrement.

La cuisson parfaite

Chauffe une poêle avec un filet d'huile d'olive à feu vif. Dépose les keftas. Aplatis-les légèrement avec la paume. Laisse colorer 3 à 4 minutes. Retourne-les. Ajoute une cuillerée à soupe d'eau. Couvre immédiatement. Baisse le feu et laisse cuire 2 à 3 minutes.

Le dressage

Selon les traditions : en sandwich ou sur un lit de boulgour, avec une salade fraîche ou simplement avec du bon pain, des citrons et du persil ciselé.

Conservation

À déguster sur le moment, quand la croûte est encore croustillante et le cœur moelleux.

ASTUCES

Les erreurs à éviter

- Trop pétrir la viande qui deviendrait caoutchouteuse.
- Une cuisson trop longue qui dessécherait.
- Oublier la vapeur finale.
- Des boulettes inégales qui cuiraient mal.

Les secrets méditerranéens

- La viande doit garder son caractère.
- Les épices doivent s'harmoniser sans dominer.
- La vapeur finale est essentielle au moelleux.
- Le temps de repos permet aux saveurs de se développer.

Une astuce bonus ?

- Dans certaines familles, on ajoute une pincée de cannelle à la préparation, pour ce petit quelque chose qui fait deviner sans se révéler.

LE TAJINE DE POULET

au citron de Casablanca

En visitant ma famille à Casablanca, j'ai découvert ce tajine que j'ai immédiatement adopté. Dans leur maison du quartier d'Anfa, les effluves de citron confit et de safran envahissaient la cuisine dès le matin. Ma tante sortait son vieux tajine en terre cuite, celui qui avait déjà servi à plusieurs générations, et commençait ce rituel qui allait transformer un simple poulet en festin. Les olives violettes, les citrons confits maison alignés dans leurs bocaux… Chaque ingrédient avait son importance, son moment précis d'incorporation.

Préparation : 30 min

Cuisson : 1 h 30 min

Pour 6 personnes

Les ingrédients magiques

1 poulet fermier découpé en morceaux
3 oignons moyens épluchés
6 gousses d'ail épluchées
1 bouquet de persil plat frais
1 bouquet de coriandre fraîche
2 citrons confits
200 g d'olives violettes
1 dose de safran
1 cuil. à café de gingembre moulu
1 cuil. à café de curcuma moulu
3 cuil. à soupe d'huile d'olive
½ cuil. à café de poivre noir
Sel

Pour la marinade

2 gousses d'ail épluchées
Le jus de **1** citron frais
1 cuil. à café de cumin moulu
Huile d'olive

LA RECETTE

La préparation

Fais mariner le poulet dans un plat avec l'ail écrasé, le jus de citron, le cumin et de l'huile d'olive. Émince finement les oignons. Hache l'ail et les herbes. Rince les citrons confits, retire la pulpe et coupe-les en quartiers. Dénoyaute les olives si nécessaire.

Le montage du tajine

Dispose les oignons en fond de tajine. Place le poulet mariné par-dessus. Ajoute les épices, l'ail, les herbes, le poivre et du sel. Verse 1 verre d'eau chaude. Arrose d'huile d'olive.

La cuisson lente

Couvre et commence à feu moyen. Après 45 minutes, ajoute les citrons confits. 15 minutes plus tard, incorpore les olives. Termine la cuisson à découvert si nécessaire. Le poulet doit être tendre et la sauce onctueuse.

Le dressage traditionnel

Sers directement dans le tajine, accompagné de pain frais pour saucer la délicieuse sauce au citron.

Conservation

Se bonifie en se réchauffant le lendemain.

ASTUCES

Les erreurs à éviter

- Trop d'eau qui noierait les saveurs.
- Une cuisson trop rapide.
- Des citrons confits trop salés.
- Un tajine trop plein qui déborderait.

Les secrets de famille

- Le safran doit infuser dans l'eau chaude avant d'être ajouté.
- Les citrons confits maison font toute la différence.
- Ne jamais trop remuer, laisser les saveurs se mélanger naturellement.
- La sauce doit être généreuse mais pas trop liquide.

Une astuce bonus ?

- Prépare les citrons confits maison 3 mois à l'avance, ils seront plus parfumés que ceux du commerce.

Marinade : 4 h | Repos : 30 min | Préparation : 20 min | Cuisson : 10-12 min | Pour 4 personnes

Dans les cuisines de Yalah, Murat réalise cette recette un peu différente de la traditionnelle recette du kebab à l'agneau en proposant une version plus légère au poulet. « Le secret », confie-t-il en préparant sa marinade au yaourt, « c'est qu'il faut bien aplatir la viande. Plus elle est fine, plus elle s'imprègne des saveurs. » Cette recette est devenue l'une des favorites de nos clients qui apprécient sa fraîcheur et sa légèreté.

LE KEBAB DE POULET

mariné à la menthe de Yalah

Pour le poulet mariné

500 g de filets de poulet
1 yaourt grec nature
2 gousses d'ail épluchées
1 cuil. à café de cumin moulu
1 cuil. à café de paprika fumé moulu
Le jus de **1** citron
2 cuil. à soupe d'huile d'olive
1 bouquet de persil plat frais
Sel et poivre

Pour la sauce blanche

1 yaourt grec nature
¼ de tasse de menthe fraîche ciselée
1 gousse d'ail émincée
2 cuil. à soupe de jus de citron
2 cuil. à soupe d'huile d'olive
Sel et poivre

Pour le dressage

Sauce blanche
Pain pita
Herbes fraîches
Oignons rouges

LA RECETTE

La préparation du poulet

Place les filets entre deux feuilles de papier sulfurisé. Aplatis-les délicatement avec une casserole. Ils doivent presque doubler de surface. Réserve.

La marinade parfumée

Mélange dans un bol le yaourt avec l'ail émincé et les épices. Ajoute le jus de citron et l'huile d'olive. Incorpore le persil ciselé. Enduis généreusement le poulet de cette marinade. Sale et poivre. Laisse mariner 4 heures au frais.

La sauce blanche

Mélange dans un bol tous les ingrédients. Assaisonne selon ton goût. Réserve 30 minutes au frais. Les saveurs vont se développer.

La cuisson

Enfile les filets sur des piques à brochettes. Fais griller à feu vif. La viande doit être dorée mais juteuse.

Le dressage

Sers dans un pain pita chaud avec la sauce blanche, des oignons rouges émincés et des herbes fraîches.

Conservation

Le poulet mariné se garde 24 heures au frais, la sauce blanche 48 heures.

ASTUCES

Les erreurs à éviter

- Une viande trop épaisse.
- Une marinade trop courte.
- Un gril pas assez chaud.
- Une sauce trop liquide.

Les secrets de Murat

- L'aplatissement doit être régulier.
- La marinade ne doit pas être trop liquide.
- Le gril doit être très chaud.
- La sauce se bonifie en attendant.

Une astuce bonus ?

- Garde un peu de marinade (sans poulet cru) pour badigeonner pendant la cuisson.

Yalah, à toi de jouer !

Comme dit Murat, « *Basitlik, iyi bir kebabın anahtarıdır* », « La simplicité est le secret d'un bon kebab » !

Poissons

& fruits de mer

LE BAR RÔTI

à l'huile d'olive et citron confit

Sur les étals de la criée de Sète, les bars sauvages, encore luisants, attirent l'œil des connaisseurs. Leur peau argentée, leurs écailles brillantes, leurs yeux vifs, attestent de leur fraîcheur. Cette recette célèbre la noblesse de ce poisson, que les Italiens appellent *branzino* et les Grecs *lavraki*. Une cuisson précise, quelques ingrédients choisis, et la magie opère.

Préparation : 15 min

Cuisson : 20 min

Pour 4 personnes

LA RECETTE

La préparation du poisson

Vérifie que le poissonnier a vidé et écaillé les bars. Rince rapidement les poissons à l'eau froide. Sèche-les soigneusement. Incise la peau en diagonale. Sale et poivre l'intérieur.

Le montage

Préchauffe le four à 200 °C. Place les bars dans un plat. Glisse les tranches de citron confit dans les incisions. Dispose l'ail et le fenouil autour. Arrose généreusement d'huile d'olive.

La cuisson

Verse le vin blanc. Enfourne pour 18 à 20 minutes. Arrose régulièrement de jus de cuisson. La chair doit être nacrée, se détacher facilement.

Le dressage

Sers le bar entier dans son plat de cuisson, accompagné de pommes grenailles rôties, de fenouil frais émincé et de citron frais.

Conservation

Le bar se déguste immédiatement, quand sa chair est encore nacrée.

Les ingrédients magiques

2 beaux bars de ligne (**600-700 g** chacun)

2 citrons confits

4 gousses d'ail en chemise

4 branches de fenouil sauvage

6 cuil. à soupe d'huile d'olive extra-vierge

1 verre de vin blanc sec

Fleur de sel

Poivre du moulin

Pour le dressage

Pommes de terre grenailles

Fenouil frais

Citron

ASTUCES

Les erreurs à éviter

- Une cuisson trop longue.
- Trop de garnitures qui masqueraient le goût.
- Un four pas assez chaud.
- Oublier d'arroser pendant la cuisson.

Les secrets du poissonnier

- Le bar doit être ultra-frais, les yeux bombés et brillants.
- La cuisson se vérifie à la nageoire dorsale.
- L'arrosage régulier est essentiel.

Une astuce bonus ?

- Récupère le jus de cuisson, réduis-le légèrement et émulsionne-le avec un filet d'huile d'olive fraîche.

LES GAMBAS GRILLÉES

au paprika fumé

C'était lors de nos vacances familiales sur la Costa Brava, dans une petite crique entre Cadaqués et Roses. Le restaurant, perché sur les rochers, n'était accessible que par la mer. Le patron, un ancien pêcheur, grillait ses gambas sur un barbecue en pierre noirci par des années. L'odeur de la fumée et du paprika fumé se mêlait aux embruns, pendant que les gambas grésillaient sur le gril. « *El secreto* », nous confiait-il en arrosant les gambas d'huile parfumée à l'ail, « c'est la cuisson, il faut savoir quand s'arrêter. »

Préparation : 15 min

Marinade : 30 min

Cuisson : 6-8 min

Pour 4 personnes

Les ingrédients magiques

16 belles gambas sauvages
4 gousses d'ail épluchées
1 piment rouge frais
2 cuil. à soupe de paprika fumé (pimentón)
6 cuil. à soupe d'huile d'olive
Le jus de **1** citron vert
Fleur de sel
Poivre noir concassé

Pour l'aïoli léger

1 jaune d'œuf
150 ml d'huile d'olive douce
1 gousse d'ail épluchée
Jus de **1** citron
Sel fin

Pour le dressage

Persil frais
Huile parfumée
Jus de citron vert
Pain grillé

LA RECETTE

La préparation des gambas

Décortique les gambas en laissant la queue. Incise légèrement le dos. Retire le boyau noir. Sèche-les soigneusement.

La marinade

Écrase l'ail avec du sel. Émince finement le piment. Mélange le tout dans un bol avec le paprika et l'huile d'olive. Badigeonne les gambas de cette marinade. Laisse mariner 30 minutes.

L'aïoli léger

Monte la mayonnaise en mélangeant le jaune d'œuf et l'huile dans un bol. Ajoute l'ail écrasé. Incorpore le jus de citron. Sale.

La cuisson

Chauffe le gril à feu vif. Disposes-y les gambas. Grille-les 3 à 4 minutes de chaque côté. Arrose-les d'huile parfumée pendant la cuisson.

Le dressage

Dispose les gambas sur un plat chaud, parsème de persil ciselé, arrose d'un filet d'huile parfumée et de jus de citron vert. Sers avec le pain grillé et l'aïoli.

Conservation

Les gambas se dégustent immédiatement, encore brûlantes.

ASTUCES

Les erreurs à éviter

- Une marinade trop longue.
- Une cuisson excessive.
- Un gril pas assez chaud.
- Trop de manipulations pendant la cuisson.

Les secrets du pêcheur

- Les gambas doivent être ultra-fraîches.
- Le gril doit être brûlant.
- La cuisson est courte mais précise.
- L'huile doit être la meilleure possible.

Une astuce bonus ?

- Garde un peu de marinade pour arroser les gambas juste avant de servir.

Préparation : 20 min

Cuisson : 25 min

Pour 4 personnes

Dans la cuisine de tata Marie, à Marseille, le temps semblait s'arrêter quand elle préparait sa dorade. De la fenêtre de sa maison du 7e arrondissement, on distinguait les petits pointus se balancer doucement dans le port. Elle choisissait toujours ses dorades chez le même poissonnier, descendant tôt le matin les escaliers qui mènent au petit port. « La dorade », disait-elle en disposant le fenouil sauvage dont elle gardait la provenance secrète, « c'est le poisson des jours de fête, mais la fête, c'est quand tu viens déjeuner à la maison, Grégory. »

LA DORADE

au fenouil et aux câpres

Les ingrédients magiques

2 belles dorades royales
2 bulbes de fenouil
2 échalotes épluchées
1 citron bio
3 cuil. à soupe de câpres de Pantelleria
2 gousses d'ail épluchées
2 branches de fenouil sauvage
Fleur de sel
Poivre du moulin
4 cuil. à soupe d'huile d'olive de la vallée des Baux
1 verre de vin blanc de Cassis

LA RECETTE

La préparation

Écaille et vide les dorades. Émince finement le fenouil. Hache les échalotes. Zeste le citron. Rince les câpres.

Le montage

Dispose le fenouil émincé dans un plat. Place les dorades par-dessus. Parsème d'échalotes et d'ail. Ajoute les câpres, le zeste de citron et le fenouil sauvage. Sale et poivre. Arrose d'huile d'olive.

La cuisson

Préchauffe le four à 200 °C. Verse le vin blanc. Enfourne pour 25 minutes. Arrose régulièrement de jus. La chair doit être nacrée.

Le dressage

Sers directement dans le plat de cuisson, avec le fenouil confit et son jus parfumé. Ajoute un filet d'huile d'olive pour finir.

Conservation

La dorade se déguste immédiatement, quand sa chair est encore nacrée.

ASTUCES

Les erreurs à éviter

- Une cuisson trop longue.
- Trop de garniture qui étoufferait le poisson.
- Oublier d'arroser pendant la cuisson.
- Des câpres trop salées.

Les secrets de tata Marie

- Le fenouil doit être ultra-frais et finement émincé.
- Les câpres donnent le caractère.
- L'huile d'olive doit être la meilleure.
- Le vin blanc de Cassis n'est pas négociable.

Une astuce bonus ?

- Tata Marie gardait toujours quelques branches de fenouil sauvage pour parfumer le plat pendant la cuisson.

Allez Yalah, à toi de jouer !

Comme disait tata Marie : « La vie, si tu ne prends pas le temps, tu ne peux pas l'apprécier ! »

Plats traditionnels

& familiaux

LA SPANAKOPITA

de Nafsika

Nafsika garde précieusement la recette de cette tarte aux épinards transmise par sa mère. À chaque fois que je lui demandais de me la donner, on était dans de l'à peu près, en mode « un peu de ça et de ci et tu vois... », autant dire qu'il m'a fallu plusieurs essais pour essayer de m'en approcher !

Préparation : 45 min

Cuisson : 55 min

Pour 8 personnes

LA RECETTE

La préparation des épinards

Lave soigneusement les épinards. Retire les tiges dures. Fais-les tomber dans une grande poêle à feu doux. Laisse-les rendre leur eau. Égoutte-les parfaitement. Hache-les grossièrement.

La farce

Émince finement les oignons et l'ail. Fais-les revenir dans une poêle dans de l'huile d'olive pendant 25 minutes. Ajoute les épinards. Émiette la feta. Ajoute les herbes ciselées. Incorpore les œufs battus. Assaisonne de muscade, de sel et de poivre.

Le montage

Préchauffe le four à 180 °C. Beurre un plat rectangulaire. Étale 6 feuilles de pâte filo en les badigeonnant de beurre. Dispose la farce. Recouvre de 6 autres feuilles. Badigeonne la surface de beurre. Incise en losanges. Parsème de sésame. Fais cuire 30 minutes.

Le dressage

Sers la spanakopita tiède ou à température ambiante, découpée en triangles en portions généreuses.

Conservation

Se garde 2 jours au frais, à réchauffer doucement au four.

Pour la farce

1,5 kg d'épinards frais
2 oignons épluchés
2 gousses d'ail épluchées
Huile d'olive
400 g de feta grecque
1 bouquet d'aneth frais
1 bouquet de persil plat frais
2 ciboules fraîches
3 œufs
Noix de muscade
Sel et poivre

Pour le montage

12 feuilles de pâte filo
200 g de beurre clarifié
Huile d'olive
Graines de sésame

ASTUCES

Les erreurs à éviter

- Des épinards trop humides.
- Une farce trop salée.
- Des feuilles de filo sèches.
- Un four trop chaud.

Les secrets de Nafsika (que j'ai réussi à glaner)

- Les épinards doivent être parfaitement égouttés.
- La feta, uniquement grecque.
- Les feuilles de filo doivent rester sous un torchon humide.
- Le beurre doit être généreusement utilisé.

Une astuce bonus ?

- Ajoute des pignons de pin torréfiés dans la farce pour plus de caractère.

LE RAGOÛT DE POIS CHICHES

et agneau (hamin ou dafina)

Dans les ruelles étroites de Jérusalem, chaque vendredi, les effluves de ce plat s'échappent des fenêtres. Le hamin, ce ragoût qui mijote depuis la veille du shabbat, est bien plus qu'une recette – c'est une tradition millénaire qui rythme la vie des familles. Ce plat, je l'ai retrouvé au Maroc, où les familles juives déposaient leurs faitouts dans le four à pain du boulanger le vendredi pour le récupérer le samedi. Chaque famille mettait un chiffon de couleur pour reconnaître sa cocotte.

Préparation : 30 min | Marinade : 30 min | Trempage : 12 h | Cuisson : 12-15 h | Pour 8 personnes

LA RECETTE

La préparation (la veille)

Fais tremper les pois chiches 12 heures dans un saladier d'eau froide.
Fais mariner la viande dans un plat avec les épices, pendant 30 minutes minimum, plus si tu as du temps.
Émince les oignons et écrase l'ail.

Le montage

Fais revenir la viande jusqu'à coloration dans un faitout avec de l'huile d'olive.
Ajoute les oignons et l'ail à la marinade.
Incorpore les pois chiches égouttés.
Ajoute les os à moelle, les pommes de terre entières, les œufs entiers et le laurier. Assaisonne. Couvre d'eau chaude.

La cuisson lente

Porte à ébullition. Baisse le feu au minimum. Couvre hermétiquement.
Laisse mijoter toute la nuit.

Le dressage

Sers dans un grand plat, la viande au centre, entourée des pois chiches et légumes. Les œufs, dont la coquille a bruni, sont pelés et partagés.

Conservation

Se garde 3 jours au frais, se réchauffe doucement.

Les ingrédients magiques

500 g de pois chiches secs
1 kg d'épaule d'agneau coupée en morceaux
2 cuil. à soupe de paprika moulu
1 cuil. à café de cumin moulu
1 cuil. à café de curcuma moulu
3 oignons épluchés
6 gousses d'ail épluchées
2 os à moelle
3 pommes de terre
3 œufs entiers (avec leur coquille)
2 feuilles de laurier
Huile d'olive
Sel et poivre

ASTUCES

Les erreurs à éviter

- Une température trop élevée.
- Trop d'eau qui noierait les saveurs.
- Remuer pendant la cuisson.
- Oublier de vérifier le niveau d'eau avant la nuit.

Les secrets du plat

- Les pois chiches doivent être de qualité.
- La viande doit être persillée.
- La température doit rester stable.
- Le couvercle ne doit jamais être soulevé.

Une astuce bonus ?

- Certaines familles ajoutent du blé ou de l'orge pour plus de consistance.

Préparation : 45 min

Cuisson : 45 min

Pour 8 personnes

Dans les cuisines méditerranéennes, chaque pays a sa version du gratin de pâtes. Le pasticcio grec est peut-être le plus généreux de tous. Cette recette, entre moussaka et lasagnes, est un véritable plat de fête qui réunit les familles autour de la table. Les couches de pâte, de viande parfumée et de béchamel crémeuse racontent l'histoire d'une cuisine où le temps et l'amour sont les ingrédients principaux.

LE PASTICCIO,

le gratin réconfortant grec

Pour la viande

2 oignons épluchés
3 gousses d'ail épluchées
Huile d'olive
800 g de bœuf haché
400 g de tomates concassées
Noix de muscade
Cannelle
1 verre de vin rouge
Sel et poivre`

Pour les pâtes

500 g de penne ou de rigatoni
2 œufs battus
100 g de kefalograviera râpé (ou un mélange d'emmental et de parmesan)

Pour la béchamel

100 g de beurre
100 g de farine
1 l de lait chaud
3 œufs
100 g de kefalograviera râpé
Noix de muscade
Sel et poivre
Cannelle

LA RECETTE

La sauce à la viande

Fais revenir les oignons et l'ail émincés dans un faitout avec de l'huile d'olive. Ajoute la viande. Incorpore les tomates et les épices. Verse le vin. Laisse mijoter 30 minutes.

Les pâtes

Cuis les pâtes *al dente* dans une casserole d'eau salée. Égoutte-les et laisse tiédir. Mélange-les dans un saladier avec les œufs et le fromage (en garder pour gratiner au four).

La béchamel

Prépare un roux dans une casserole avec le beurre et la farine. Verse le lait chaud progressivement. Assaisonne de muscade, de cannelle, de sel et de poivre. Hors du feu, ajoute les œufs et le fromage.

Le montage

Préchauffe le four à 180 °C. Dans un plat, dispose la moitié des pâtes, couvre de sauce à la viande, ajoute les pâtes restantes et termine par la béchamel. Saupoudre du fromage restant.

Le dressage

Laisse reposer 15 minutes avant de servir. Découpe en portions généreuses.

Conservation

Se garde 3 jours au frais, se réchauffe au four.

ASTUCES

Les erreurs à éviter

- Une béchamel trop liquide.
- Des pâtes trop cuites.
- Une sauce trop humide.
- Un four pas assez chaud.

Petits secrets de chef

- La béchamel doit être onctueuse.
- Les pâtes, jamais trop cuites.
- La cannelle dans la béchamel fait toute la différence.
- La croûte doit être dorée.

Une astuce bonus ?

- Prépare la sauce à la viande la veille, les saveurs se développeront.

LES BRICKS AU THON

comme chez tata Janine

Dans la cuisine de tata Janine, il y avait ce petit carnet usé, taché d'huile et de safran, où elle notait ses recettes en quelques mots. « Un chouïa de ci, une pincée de ça », disait-elle en préparant ses bricks. Le plus important n'était pas la précision des mesures, mais le geste, la façon de plier la feuille de brick pour que rien ne s'échappe pendant la cuisson, et surtout ce petit tour de main final qui donnait à ses bricks cette forme de triangle parfait.

Préparation : 20 min

Cuisson : 2-3 min par brick

Pour 6 personnes (12 bricks)

Les ingrédients de tata Janine

2 pommes de terre moyennes
1 oignon épluché
1 bouquet de persil plat frais
4 boîtes de thon à l'huile
2 cuil. à café de cumin moulu
Le jus de **1** citron
12 feuilles de brick
6 œufs
Huile pour la friture
Sel et poivre du moulin

Pour servir

Quartiers de citron
Persil frais
Un bon bol de salade méchouia (si tu as le temps)

LA RECETTE

La préparation qui compte

Dans une casserole, fais cuire les pommes de terre à l'eau pendant 30 minutes. Émince l'oignon très finement. Hache le persil. Écrase les pommes de terre encore chaudes. Égoutte bien le thon.

Le mélange parfait

Dans un saladier, mélange le thon émietté. Ajoute les pommes de terre écrasées. Incorpore l'oignon et le persil. Assaisonne avec le cumin, du sel et du poivre. Ajoute un trait de jus de citron pour réveiller les saveurs.

Le pliage, tout un art !

Étale une feuille de brick ou une demie selon la taille que tu veux. Dépose une bonne cuillerée à soupe de farce. Casse un demi-œuf au centre. Plie en triangle. Scelle bien les bords avec un peu d'eau.

La cuisson dorée

Dans une casserole, fais chauffer l'huile (pas trop chaude, sinon le brick va brûler !). Plonge les bricks un par un. Surveille la coloration. Quand le brick est bien doré, égoutte-le sur du papier absorbant.

Le dressage en famille

Sers immédiatement avec des quartiers de citron et du persil ciselé. Comme disait tata Janine : « Un brick, ça se mange chaud, avec les doigts. »

Conservation

Les bricks, c'est comme le bonheur : ça se déguste sur le moment !

ASTUCES

Les erreurs à ne pas faire

- **Une farce trop humide :** le brick serait mou.
- **Un œuf mal placé :** il coulerait à la cuisson.
- **Une huile trop chaude :** le brick brûlerait.
- **Un pliage approximatif :** tout se déferait.

Les secrets de tata Janine

- L'huile doit être chaude mais pas fumante.
- Le pliage, c'est précis mais si tu le rates ce n'est pas grave, recommence !
- L'œuf doit être au centre, c'est lui qui donne tout le goût.
- On ne lésine pas sur le persil, c'est lui qui parfume.

Une astuce bonus ?

- Prépare la farce la veille, les saveurs se mélangeront mieux. Mais le pliage et la cuisson, ça, c'est toujours à la dernière minute !

LE COUSCOUS

de mémé Camille

Dans son minuscule appartement du rez-de-chaussée, mémé Camille orchestrait chaque samedi midi un véritable festin. Les tables s'alignaient, moitié dans la cour, moitié dans la rue. La famille s'installait où elle pouvait, les enfants couraient entre les chaises, et les passants ralentissaient, attirés par les effluves qui s'échappaient de sa cuisine, pas plus grande qu'un mouchoir de poche. Mais qu'importe l'espace quand le cœur est grand ! Le couscous de mémé Camille nourrissait les ventres et les âmes, et ces déjeuners à cheval entre intérieur et extérieur restent gravés dans nos mémoires comme les plus beaux moments de famille.

Préparation : 1 h

Cuisson : 2 h 30 min

Pour 8-10 personnes

LA RECETTE

Le bouillon parfumé

Fais revenir la viande dans une grande marmite pendant 30 minutes. Ajoute les oignons émincés. Incorpore les épices. Couvre d'eau chaude. Laisse mijoter 1 h 30 à couvert.

Les légumes qui chantent

Épluche les carottes, les navets et les courgettes. Coupe tous les légumes en gros morceaux. Ajoute-les à la viande dans l'ordre de cuisson : les carottes et navets, puis les poireaux et le céleri, et enfin les courgettes. Ajoute la coriandre et le persil ciselés. Garde les tomates pour la fin. Laisse mijoter encore 45 minutes.

La semoule aérienne

Verse la semoule dans un saladier et humidifie-la à l'eau tiède salée. Travaille-la entre tes mains. Laisse-la gonfler 10 minutes. Ajoute le beurre. Cuis à la vapeur au-dessus du bouillon.

Le dressage en famille

Dans un grand plat, dispose la semoule en dôme, entoure-la des légumes et de la viande, arrose généreusement de bouillon. Chacun se sert comme il veut, l'important c'est de partager !

Pour le bouillon

1 kg d'épaule d'agneau coupée en morceaux
2 oignons épluchés
2 cuil. à soupe de cumin moulu
1 cuil. à café de paprika moulu
2 cuil. à café de ras el-hanout moulu
4 navets
6 carottes
2 courgettes
1 branche de céleri
2 poireaux
1 bouquet de coriandre fraîche
1 bouquet de persil plat frais
4 tomates bien mûres
Sel et poivre

Pour la semoule

1 kg de semoule moyenne
100 g de beurre
Sel fin

ASTUCES

Les secrets de mémé Camille

- Le bouillon doit être généreux mais pas trop épicé.
- Les légumes, on les coupe gros pour qu'ils gardent leur forme.
- La semoule, on la travaille trois fois pour qu'elle soit légère.
- Le plus important, c'est de prendre son temps.

Une astuce bonus ?

- Mémé gardait toujours un peu de bouillon à part, « pour ceux qui aiment ça bien mouillé », disait-elle en faisant un clin d'œil.

Préparation : 30 min | Marinade : 30 min | Cuisson : 2 h 30 min | Pour 6 personnes

Dans ma cuisine à la maison, ce tajine est l'un des plats préférés de mes enfants, il évoque la douceur des soirées marocaines. Le mariage subtil entre la viande fondante et les pruneaux confits, relevé par les épices douces, crée une harmonie parfaite entre le salé et le sucré. Le temps et l'attention, pour la réalisation de ce plat, sont à l'image de celui que nous nous devons de donner à nos enfants.

LE TAJINE D'AGNEAU

aux pruneaux confits

Pour le tajine

1,5 kg d'épaule d'agneau coupée en morceaux
1 cuil. à café de gingembre moulu
1 cuil. à café de curcuma moulu
1 cuil. à café de ras el-hanout moulu
Huile d'olive
2 gros oignons épluchés
3 gousses d'ail épluchées
1 pincée de safran
2 bâtons de cannelle
400 g de pruneaux moelleux
2 cuil. à soupe de miel
100 g d'amandes effilées grillées
Sel et poivre

Pour le dressage

Persil frais
Graines de sésame torréfiées

LA RECETTE

La préparation

Marine la viande avec les épices dans un plat pendant 30 minutes minimum, plus si tu as du temps. Émince finement les oignons et écrase l'ail. Fais tremper le safran dans un bol d'eau chaude.

La cuisson

Fais revenir la viande dans l'huile d'olive dans un faitout. Ajoute les oignons et l'ail. Verse juste assez d'eau pour couvrir. Ajoute les bâtons de cannelle. Laisse mijoter 2 heures à feu doux et à couvert.

La finition

Ajoute les pruneaux. Incorpore le miel. Poursuis la cuisson 30 minutes. La sauce doit être sirupeuse. Parsème d'amandes. Sale et poivre.

Le dressage

Sers dans le tajine, parsemé de sésame et de persil ciselé.

Conservation

Se bonifie en se réchauffant le lendemain.

ASTUCES

Les erreurs à éviter

- Une cuisson trop rapide.
- Trop d'eau qui noierait les saveurs.
- Des pruneaux trop secs.
- Un excès de miel.

Petits secrets de chef

- La viande doit être persillée.
- Les pruneaux doivent être moelleux.
- Le miel s'ajoute en fin de cuisson.
- La sauce doit être onctueuse.

Une astuce bonus ?

- Prépare ce tajine la veille, les saveurs n'en seront que meilleures.

Recettes express

pour les soirs de semaine

Préparation : 10 min

Cuisson : 10 min

Pour 4 wraps

LE WRAP DE PITA

au poulet et légumes grillés

Dans les cuisines de Yalah, c'est un de nos best-sellers. En 20 minutes, vous avez un repas complet qui sent bon la Méditerranée.

Pour le poulet

400 g de blancs de poulet
2 cuil. à soupe d'huile d'olive
1 cuil. à café de zaatar
Le jus de **1** citron
Sel et poivre

Pour les légumes

2 poivrons (rouge et jaune)
1 courgette
1 oignon rouge épluché
Huile d'olive

Pour le dressage

4 pains pitas
4 cuil. à soupe d'houmous
Harissa
Tahini

LA RECETTE

La préparation express

Coupe le poulet en lanières, puis assaisonne-le d'huile d'olive, de zaatar, de jus de citron, de sel et de poivre. Taille les légumes en lamelles. Mets deux poêles à chauffer.

La cuisson simultanée

Fais griller les légumes dans une poêle avec de l'huile d'olive. Cuis le poulet dans l'autre. Assaisonne généreusement.

Le dressage qui en jette

Réchauffe les pitas. Étale le houmous. Dispose dessus le poulet et les légumes. Ajoute l'harissa et le tahini. Roule serré et marque sur un gril.

ASTUCES

Petits secrets de chef

- La cuisson simultanée pour gagner du temps.
- Les légumes encore croquants.
- Le poulet bien juteux.
- Le pain pita légèrement chauffé.

Une astuce bonus ?

- Prépare les légumes la veille pour un dîner encore plus rapide.

Préparation : 5 min

Cuisson : 5 min

Pour 2 personnes

L'OMELETTE

aux herbes fraîches et fromage

Chez Yalah, cette omelette est notre version express du petit déjeuner. Généreuse en herbes comme on l'aime au Moyen-Orient, elle est aussi notre réponse rapide aux soirées improvisées.

Les ingrédients magiques

6 œufs bio
1 bouquet de persil plat frais
½ bouquet de menthe fraîche
½ tomate
2 oignons nouveaux
100 g de fromage de brebis
2 cuil. à soupe d'huile d'olive
Sel et poivre

Pour le dressage

Piment d'Alep (facultatif)
Pain pita
Tomates cerises

LA RECETTE

La préparation

Bats les œufs en omelette dans un saladier. Cisèle finement toutes les herbes. Émince la tomate et les oignons nouveaux. Émiette le fromage.

La cuisson

Chauffe l'huile dans une poêle. Verse les œufs battus. Parsème d'herbes, de fromage et de tomate. Sale et poivre. Couvre 2 minutes.

Le dressage qui en jette

Plie l'omelette en deux, saupoudre de piment d'Alep. Sers avec du pain pita chaud et des tomates cerises.

ASTUCES

Petits secrets de chef

- Les herbes fraîchement ciselées.
- La poêle bien chaude.
- Le fromage pas trop fin.
- La cuisson baveuse.

Une astuce bonus ?

- Ajoutez une cuillerée à soupe de zaatar dans les œufs battus.

Préparation : 10 min | Cuisson : 15 min | Pour 4 personnes

LE COUSCOUS AUX FÈVES

Une recette transmise de génération en génération, ce couscous minute est la preuve que rapidité peut rimer avec authenticité. Le lait ribot, appelé aussi petit-lait, cet ingrédient secret qui apporte fraîcheur et onctuosité, fait toute la différence dans cette version express d'un plat traditionnel.

Les ingrédients magiques

400 g de couscous fin
2 cuil. à soupe d'huile d'olive
400 g de fèves fraîches ou surgelées
500 ml de lait ribot
Sel et poivre
Du sucre (si tu aimes)

LA RECETTE

Le couscous

Verse le couscous dans un grand plat. Arrose d'eau bouillante salée. Couvre et laisse gonfler au moins 10 minutes. Égrène à la fourchette avec l'huile d'olive.

Les fèves

Écosse les fèves si elles sont fraîches. Fais-les cuire 5 minutes dans une casserole d'eau bouillante ou à la vapeur, c'est même mieux. Rafraîchis-les dans l'eau glacée. Retire la peau au besoin.

L'assemblage

Dispose le couscous dans un plat et mets les fèves dessus. Sers par assiette et verse le lait ribot petit à petit pour obtenir le moelleux que tu souhaites. Assaisonne de sucre ou de sel et poivre.

ASTUCES

Petits secrets de chef

- Le lait ribot doit être à température ambiante.
- Les fèves doivent rester croquantes.
- Le mélange doit être onctueux mais pas noyé.

Une astuce bonus ?

- Un filet d'huile d'olive parfumée au citron confit pour plus de saveur.

Préparation : 10 min

Cuisson : 30 min

Pour 4 personnes

LA SALADE TIÈDE
de lentilles et feta rôtie

Dans les tavernes d'Athènes, la salade de lentilles est un classique réconfortant. Ces légumineuses sont un bon substitut aux protéines animales. Pour les rendre plus gourmandes, on y ajoute de la feta rôtie.

Pour les lentilles

300 g de lentilles vertes du Puy
2 carottes
1 oignon épluché
1 feuille de laurier
2 brins de thym

Pour la feta rôtie

200 g de feta grecque
Huile d'olive
Origan frais
Piment d'Espelette

Pour la vinaigrette

3 cuil. à soupe d'huile d'olive
1 cuil. à soupe de vinaigre de Xérès
1 échalote finement ciselée
Persil plat frais

LA RECETTE

Les lentilles

Rince les lentilles. Cuis-les dans une casserole d'eau froide avec les légumes et les aromates pendant 25 minutes. Garde les lentilles légèrement croquantes. Retire les légumes et les aromates. Égoutte les lentilles en gardant un peu d'eau de cuisson.

La feta

Coupe-la en gros dés. Badigeonne-les d'huile d'olive. Parsème-les d'origan. Fais-les griller 5 minutes au four à 200 °C.

L'assemblage

Mélange les lentilles tièdes avec la vinaigrette. Dispose la feta grillée dessus. Saupoudre de piment. Ajoute le persil frais.

ASTUCES

Petits secrets de chef

- Les lentilles du Puy, pas d'alternative !
- La feta authentique de Grèce.
- Le mélange chaud-froid bien maîtrisé.
- La vinaigrette généreuse.

Une astuce bonus ?

- Comme le fait Yannis, ajoute quelques câpres frites pour une touche croquante.

Préparation : 10 min

Cuisson : 8 min

Pour 4 pizzas pitas

LA PIZZA PITA

aux légumes et labneh

À l'heure du déjeuner quand on veut faire bon et rapide, cette recette, née d'une conversation avec un client pressé qui voulait « quelque chose de sain mais pas triste ».

Pour la base

4 pains pitas
200 g de labneh
Pignons de pin
Pousses d'épinards frais

Pour les légumes

2 courgettes
2 poivrons multicolores
1 oignon rouge épluché
Quelques tomates cerises
Huile d'olive
2 cuil. à soupe de zaatar (voir p. 165)

Pour le dressage

Sumac moulu
Menthe fraîche
Huile d'olive pimentée

LA RECETTE

Les légumes

Taille-les en fines lamelles. Fais-les revenir rapidement à feu vif dans une poêle avec de l'huile d'olive. Garde le croquant. Assaisonne d'huile d'olive et de zaatar.

Le montage

Étale le labneh sur les pitas. Dispose les légumes en rosace. Parsème de pignons. Ajoute les pousses d'épinards.

La cuisson

Passe au four très chaud (220 °C). Surveille la coloration des bords. Le labneh doit être juste tiède.

Le dressage

Parsème la pizza après cuisson de sumac, de menthe ciselée et d'huile d'olive pimentée.

ASTUCES

Petits secrets de chef

- Le pain pita doit être ultra-frais.
- Les légumes à peine cuits.
- Le labneh généreusement étalé.
- Le service immédiat.

Mes plats chouchous

(ré)inventés

Préparation : 20 min

Cuisson : 15 min

Pour 4 personnes (8 tacos)
Parfait pour cuisiner avec les enfants !

LES TACOS LEVANTINS
à l'agneau

Une recette née un dimanche, avec mes enfants. Cette fusion spontanée est devenue un des plats préférés de notre famille.

Pour la viande
2 oignons épluchés
3 gousses d'ail épluchées
500 g d'agneau déjà cuit
1 cuil. à soupe de mélange 7 épices
1 cuil. à café de sumac moulu
Sel et poivre

Pour l'assemblage
2 tomates
1 concombre
1 oignon rouge épluché
Persil plat frais
Menthe fraîche
8 tortillas de maïs

Pour la sauce :
200 g de yaourt grec
1 citron
1 cuil. à café de zaatar
Sel

LA RECETTE

La préparation (les enfants peuvent aider !)

Hache finement les oignons et l'ail. Coupe les légumes en petits dés. Cisèle les herbes. Prépare la sauce au yaourt dans un bol en mélangeant tous les ingrédients.

La cuisson

Fais revenir les oignons et l'ail dans une poêle. Ajoute l'agneau en effiloché et les épices. Colore légèrement en émiettant la viande. L'agneau doit être doré et parfumé.

L'assemblage (le moment préféré des enfants)

Réchauffe les tortillas au four. Garnis de viande. Ajoute les légumes. Termine par la sauce et les herbes.

Conservation

La garniture se garde 2 jours au frais, parfait pour les repas de la semaine !

ASTUCES

Petits secrets de chef pour plaire aux enfants

- Laisse-les choisir leurs garnitures.
- Pas trop épicé au début.
- Des légumes bien croquants.
- La sauce yaourt adoucit le tout.

Une astuce bonus ?

- Prépare une version de sauce non épicée pour les plus petits et une version zaatar pour les plus grands.

Préparation : 15 min

Repos : 30 min

Pour 6 personnes
Parfait pour un déjeuner dominical léger

LA SALADE DE POIS CHICHES

Pour la base

2 boîtes de pois chiches
(ou **500 g** cuits maison)

1 bouquet de persil plat frais

1 bouquet de menthe fraîche

3 oignons rouges épluchés

3 tomates

Pour la vinaigrette

Le jus de **2** citrons

6 cuil. à soupe d'huile d'olive

1 cuil. à café de cumin moulu

1 cuil. à café de sumac moulu

1 cuil. à café de de paprika fumé moulu

Sel et poivre du moulin

Pour le dressage

Zaatar

Cette salade est une réponse aux dimanches tristes, quand on a envie d'un peu de soleil dans l'assiette. Simple mais généreuse, elle rappelle les salades composées qu'on déguste sur les terrasses méditerranéennes.

LA RECETTE

La préparation

Égoutte et rince les pois chiches. Cisèle finement les herbes. Émince les oignons très finement. Coupe les tomates en petits dés.

La vinaigrette

Mélange tous les ingrédients dans un bol. Goûte et ajuste l'assaisonnement. Le citron doit être bien présent.

L'assemblage

Mélange tous les ingrédients avec la vinaigrette. Laisse reposer au frais. Saupoudre de zaatar.

ASTUCES

Petits secrets de chef

- Les légumes coupés régulièrement.
- Les herbes fraîchement ciselées.
- Le temps de repos respecté.
- Le service à température ambiante.

Une astuce bonus ?

- Pour plus de gourmandise, ajoute des dés de feta et des pignons de pin torréfiés.

Préparation : 20 min | Pousse : 1 h | Cuisson : 25 min | Pour 6 galettes

LES GALETTES SALÉES
à la feta et zaatar

Dans un petit café de Tel-Aviv, à l'aube, j'ai découvert ces galettes que les étudiants dévoraient avant leurs cours. La propriétaire, Isabelle, un rayon de soleil, préparait sa pâte dès 4 heures du matin.

Pour la pâte

300 g de farine
1 sachet de levure de boulanger
1 pincée de sucre en poudre
1 cuil. à café de sel
150 ml d'eau tiède
2 cuil. à soupe d'huile d'olive
4 cuil. à soupe de zaatar

Pour la garniture

200 g de feta
Tomates cerises
Olives noires
Pousses d'herbes fraîches

LA RECETTE

La pâte

Mélange dans un saladier la farine, la levure, le sucre et le sel. Ajoute l'eau tiède petit à petit. Pétris jusqu'à obtenir une pâte souple. Laisse reposer 1 heure.

Le façonnage

Divise la pâte en 6 boules. Étale-la finement. Badigeonne-la d'huile d'olive. Parsème-la de zaatar.

La cuisson

Chauffe une poêle ou une plancha. Cuis 2 à 3 minutes de chaque côté. La galette doit être dorée et croustillante.

La garniture

Garnis la galette de dés de feta, de tomates cerises, d'olives noires coupées en morceaux et d'herbes fraîches ciselées.

ASTUCES

Petits secrets de chef

- La pâte doit être souple mais pas collante.
- Le zaatar généreusement réparti.
- La cuisson à feu vif.
- Le service immédiat.

Une astuce bonus ?

- Ajoute un peu de semoule fine dans la pâte pour plus de croustillant.

Préparation : 20 min | Repos : 30 min | Cuisson : 10 min | Pour 4 burgers

LE BURGER
kefta et yaourt épicé

En revenant de Tel-Aviv, j'ai imaginé ce burger en y intégrant des keftas et du labneh. Une sorte de fusion *street food* qui fait aujourd'hui le bonheur de nos clients et amis.

Pour la kefta
600 g de viande hachée d'agneau
2 oignons épluchés
4 gousses d'ail épluchées
1 bouquet de persil plat frais
1 cuil. à café de cumin moulu
1 cuil. à café de paprika moulu
Sel et poivre du moulin

Pour la sauce
200 g de yaourt grec
1 cuil. à soupe de tahini
Le jus de **1** citron
Menthe fraîche
Piment d'Alep

Pour le dressage
4 pains à burger briochés
Tomates
Oignons rouges marinés
Concombre coupé en tranches fines
Roquette

LA RECETTE

La kefta

Après avoir haché les oignons et l'ail, puis ciselé le persil, mélange tous les ingrédients dans un saladier. Forme 4 steaks épais. Laisse reposer au frais 30 minutes. Fais griller dans une poêle 4 à 5 minutes de chaque côté.

La sauce

Mélange dans un bol le yaourt et le tahini. Ajoute le jus de citron. Parfume de menthe ciselée. Assaisonne de piment d'Alep.

Le dressage qui en jette

Toaste légèrement les pains. Étale la sauce sur les pains. Place la kefta. Ajoute les légumes. Termine par la roquette.

ASTUCES

Petits secrets de chef

- La viande pas trop travaillée.
- La cuisson rosée à cœur.
- La sauce généreuse.
- Les légumes ultra-frais.

Une astuce bonus ?

- Prépare les oignons marinés la veille dans du sumac et du vinaigre.

Préparation : 25 min

Cuisson : 10 min

Pour 4 personnes

LE MILLE-FEUILLE DE PITA

au labneh et légumes

Dans une ruelle blanche et bleue de Mykonos, loin des plages bondées de touristes, j'ai poussé la porte d'une taverne où une jeune Grecque réinventait les classiques avec élégance. Entre deux bougainvilliers, elle assemblait des feuilles de pita plates grillées avec du labneh crémeux et des légumes de son potager suspendu. « C'est comme construire les maisons de Mykonos », m'a-t-elle dit avec un sourire envoûtant, « on empile avec précision, on garde l'équilibre. » Son plat, né de la rencontre entre la tradition grecque et libanaise, m'a inspiré cette version.

Pour les bases

4 pains pitas
Huile d'olive
Zaatar (voir p. 165)

Pour la garniture

2 courgettes
2 aubergines fines
Tomates cerises multicolores
Huile d'olive extra-vierge
Sumac moulu
400 g de labneh

Pour le dressage

Pousses d'herbes fraîches
Fleurs comestibles
Graines de grenade
Pignons de pin torréfiés

LA RECETTE

La préparation

Ouvre les pitas en deux. Badigeonne-les d'huile et de zaatar. Fais-les griller jusqu'à ce qu'elles soient croustillantes. Taille-les en rectangles réguliers.

Les légumes

Coupe les courgettes et les aubergines en petits dés, puis grille-les. Coupe les tomates en deux. Assaisonne d'huile d'olive et de sumac. Réserve au chaud.

Le dressage qui en jette

Alterne pita, labneh et légumes. Crée trois étages. Décore de pousses d'herbes et de fleurs. Termine par les graines de grenade et les pignons.

ASTUCES

Petits secrets de chef

- Les pains pitas bien croustillants.
- Le labneh bien égoutté.
- Le montage au dernier moment.
- La présentation soignée.

Une astuce bonus venue des Cyclades ?

- Comme le faisait Maria, ajoute quelques olives de Kalamata écrasées dans le labneh pour une touche d'umami.

Sauces
& condiments

Préparation : 20 min

Pour un grand bol (environ 500 ml)

LE TOUM,

l'or blanc du Liban

Dans les cuisines de Yalah, le toum est notre trésor blanc. Cette émulsion d'ail, aussi aérienne qu'une crème fouettée mais puissante comme un coup de soleil libanais, est l'accompagnement indispensable de nos grillades et légumes.

Les ingrédients magiques

1 tête d'ail (environ **20** gousses)
1 pincée de sel
500 ml d'huile végétale neutre
Le jus de **1** citron
1 cuil. à soupe d'eau glacée

Le matériel nécessaire

Un robot avec une lame en S
Un pilon et un mortier
Un torchon propre

LA RECETTE

La préparation de l'ail

Épluche toutes les gousses. Retire les germes. Pile au mortier avec le sel. L'ail doit devenir une pâte lisse.

L'émulsion (le moment crucial)

Dans un robot, mets l'ail. Démarre à vitesse moyenne. Verse l'huile en filet très fin. Alterne avec le jus de citron. Ajoute de l'eau glacée si nécessaire.

Conservation

Se garde 2 semaines au frais dans un bocal hermétique.

ASTUCES

Les erreurs à éviter

- De l'ail trop vieux ou germé.
- Une huile versée trop vite.
- Un robot trop chaud.
- Trop d'eau ajoutée.

Petits secrets de chef

- L'ail doit être ultra-frais.
- L'huile doit être versée très lentement.
- La température doit rester basse.
- La patience est la clé.

Une astuce bonus ?

- Pour adoucir le goût, faites blanchir l'ail 3 minutes dans du lait avant de commencer.

Préparation : 15 min

Marinade : 2-12 h

Pour 400 ml de marinade

LA CHARMOULA,

l'âme de la cuisine marocaine

Cette marinade vibrante de couleurs et de saveurs est le secret pour rehausser les poissons grillés et les légumes rôtis. C'est un véritable bouquet d'herbes fraîches qui capture l'essence même du Maroc : coriandre, persil, ail, citron et épices se mêlent dans une danse de saveurs qui transforme chaque plat qu'elle touche.

Les ingrédients magiques

2 gros bouquets de coriandre fraîche
1 bouquet de persil plat frais
4 gousses d'ail épluchées
2 cuil. à café de cumin moulu
2 cuil. à café de paprika moulu
1 cuil. à café de piment doux moulu
½ cuil. à café de gingembre moulu
1 pincée de safran
50 ml d'huile d'olive extra-vierge
Le jus et le zeste de **2** citrons
Sel et poivre du moulin

LA RECETTE

La préparation des herbes

Lave et sèche soigneusement les herbes. Retire les tiges dures. Hache grossièrement. Écrase l'ail avec du sel.

Le mélange

Combine dans un bol toutes les épices. Ajoute les herbes et l'ail. Verse l'huile d'olive. Ajoute le jus et le zeste de citron. Mixe jusqu'à obtenir une pâte vert vif.

Conservation

Se garde 1 semaine au frais, couverte d'huile d'olive.

Avec quoi la servir ?

Marinade pour poissons (2 h).
Marinade pour viandes (12 h)
Sauce pour légumes grillés.
Condiment pour couscous.

ASTUCES

Les erreurs à éviter

- Des herbes fanées.
- Trop de sel au début.
- Une texture trop fine.
- Un excès d'ail.

Petits secrets de chef

- Les herbes ultra-fraîches.
- Les épices fraîchement moulues.
- L'huile d'olive de qualité.
- Un équilibre parfait entre acidité et épices.

Une astuce bonus ?

- Garde une partie des herbes hachées à ajouter au dernier moment pour plus de fraîcheur.

Préparation : 15 min

Pour 400 ml de sauce

LE TARATOR OU TRINA,

l'onctuosité du Levant

Le tarator est la sauce caméléon. Sur les falafels, avec les légumes grillés, en dip pour le pain… Cette sauce au tahini est d'une polyvalence remarquable. Sa texture soyeuse et son goût subtilement équilibré entre le sésame, le citron et l'ail en font un indispensable de notre carte.

Les ingrédients magiques

2 gousses d'ail épluchées
1 cuil. à café de sel
250 g de tahini
Le jus de **2** citrons
200 ml d'eau froide
1 pincée de cumin moulu
Huile d'olive extra-vierge

Pour le dressage

Huile d'olive
Sumac moulu
Pignons de pin torréfiés
Persil frais

LA RECETTE

La base

Écrase l'ail avec le sel. Mélange dans un bol le tahini et le jus de citron. La pâte va épaissir, c'est normal.

L'émulsion

Ajoute l'eau froide petit à petit. Fouette énergiquement. La sauce va blanchir et devenir crémeuse. Ajuste la consistance avec l'eau.

La finition

Incorpore l'ail écrasé. Ajoute le cumin. Goûte et ajuste l'assaisonnement.

Le dressage qui en jette

Dans un bol, creuse un puits au centre, verse un filet d'huile d'olive, saupoudre de sumac et parsème de pignons et de persil ciselé.

Conservation

Se garde 5 jours au frais.

ASTUCES

Les erreurs à éviter

- Un tahini de mauvaise qualité.
- Trop d'eau d'un coup.
- Un manque de citron.
- Trop d'ail qui dominerait.

Petits secrets de chef

- Le tahini doit être de qualité.
- L'eau ajoutée progressivement.
- Fouetter énergiquement.
- L'équilibre citron-ail parfait.

Une astuce bonus ?

- Pour une version plus légère, remplace une partie de l'eau par du yaourt grec.

Préparation : 20 min

Pour 300 ml de sauce

LE ZHUG,

le feu vert du Yémen

Si vous voulez du piment, vous allez être servi. Cette sauce yéménite, d'un vert éclatant, est comme un éclair de fraîcheur piquante qui illumine nos plats. Plus complexe qu'une simple sauce piquante, le zhug est une symphonie d'herbes fraîches et d'épices qui danse sur la langue.

Les ingrédients magiques

2 cuil. à café de graines de cumin
2 cuil. à café de graines de carvi
4 gousses de cardamome vertes
1 cuil. à café de poivre noir en grains
3 bouquets de coriandre fraîche
2 piments verts frais
4 piments verts longs
6 gousses d'ail épluchées
150 ml d'huile d'olive extra-vierge
Le jus de **1** citron vert
Sel marin

LA RECETTE

Les épices

Torréfie les épices à sec dans une poêle. Pile-les au mortier. Le parfum doit être envoûtant.

Les herbes et piments

Nettoie soigneusement la coriandre. Épépine les piments (ou pas, selon le goût). Hache le tout grossièrement. Écrase l'ail.

L'assemblage

Mixe l'ail, les herbes et les piments. Ajoute les épices pilées. Incorpore l'huile petit à petit. Assaisonne de sel et de citron.

Conservation

Se garde 2 semaines au frais, couvert d'huile d'olive.

Avec quoi le servir ?

Sur les grillades.
Dans les sandwichs.
Avec les œufs.
Pour relever les soupes.

ASTUCES

Les erreurs à éviter

- Des épices brûlées.
- Une texture trop lisse.
- Trop de sel.
- Une chaleur excessive.

Petits secrets de chef

- Les épices fraîchement torréfiées.
- La coriandre ultra-fraîche.
- L'équilibre du piquant.
- Une texture pas trop fine.

Une astuce bonus ?

- Congèle le zhug en petites portions dans un bac à glaçons.

Préparation : 30 min

Repos : 1 h

Pour 500 g de harissa

L'HARISSA MAISON, la base !

L'harissa est le trésor rouge. Cette pâte de piments, héritée des traditions tunisiennes, est bien plus qu'une simple sauce piquante – c'est un concentré d'émotions, de souvenirs et de saveurs. Notre version maison, équilibrée entre force et complexité, est devenue l'une des signatures de notre restaurant.

Les ingrédients magiques

500 g de piments rouges séchés
2 cuil. à soupe de graines de carvi
2 cuil. à soupe de graines de coriandre
1 cuil. à soupe de graines de cumin
8 gousses d'ail épluchées
200 ml d'huile d'olive extra-vierge
Le jus de **1** citron
Sel marin

LA RECETTE

La préparation des piments

Trempe les piments dans un saladier d'eau chaude. Laisse-les gonfler 1 heure. Égoutte-les et retire les graines. Réserve un peu d'eau de trempage.

Les épices

Torréfie les graines à sec dans une poêle. Pile-les au mortier. Le parfum doit être enivrant.

L'assemblage

Mixe les piments avec l'ail. Ajoute les épices pilées. Incorpore l'huile progressivement. Assaisonne de sel et de citron.

Conservation

Se garde 1 mois au frais, couvert d'huile d'olive.

Avec quoi la servir ?

Dans les sandwichs, pour les marinades, en condiment ou pour relever les sauces.

ASTUCES

Les erreurs à éviter

- Des piments mal réhydratés.
- Des épices brûlées.
- Une texture trop liquide.
- Un excès de sel.

Petits secrets de chef

- Les piments bien réhydratés.
- Les épices fraîchement torréfiées.
- L'huile d'olive de qualité.
- Un équilibre dans le piquant.

Une astuce bonus ?

- Ajoute des poivrons grillés pour une version plus douce et parfumée.

Préparation : 20 min

Torréfaction : 10 min

Pour 250 g de mélange

LE ZAATAR MAISON,

le mélange d'épices sacré du Levant

Le zaatar est méconnu, mais c'est une vraie poudre magique. Ce mélange d'épices emblématique parfume nos pains, nos viandes et nos légumes. Chaque famille a sa recette. Voici la nôtre, équilibrée entre le thym, le sumac et le sésame.

LA RECETTE

La préparation des graines

Dans une poêle, torréfie le sésame à sec.
Laisse refroidir complètement.
Écrase le sésame légèrement au mortier.

Le mélange

Broie les herbes séchées. Mélange dans un bol avec le sumac. Ajoute le sésame torréfié. Incorpore le sel et les graines de fenouil éventuellement.

Conservation

3 mois dans un bocal hermétique.
À l'abri de la lumière et de l'humidité.

Avec quoi le servir ?

1. Le man'ouché (pizza libanaise)
Mélange le zaatar avec de l'huile d'olive. Étale la préparation sur la pâte à pain. Enfourne jusqu'à ce que le zaatar dore.

2. Les marinades
Mélange le zaatar avec de l'huile d'olive et du citron. C'est parfait pour les viandes et légumes. Laisse mariner de 2 à 12 heures.

3. Les sauces
Dans le labneh, dans l'huile d'olive pour trempage ou dans les vinaigrettes.

4. Les garnitures
Sur les œufs, sur les salades ou sur le houmous.

Les ingrédients magiques

50 g de graines de sésame
100 g de thym séché
25 g d'origan séché
15 g de marjolaine séchée
50 g de sumac moulu
1 cuil. à café de sel marin fin
1 cuil. à café de graines de fenouil (facultatif)

ASTUCES

Une astuce bonus ?

- Prépare une huile au zaatar : infuse dans l'huile d'olive pendant 1 semaine.

Desserts

& douceurs sucrées

Préparation : 20 min

Cuisson : 45 min

Pour 8-10 personnes

LE BASBOUSA,
le gâteau soleil du Moyen-Orient

Ce gâteau de semoule, généreux et moelleux, est comme une éponge dorée qui s'imprègne de sirop parfumé. Sa texture unique, entre moelleux et granuleux, et son goût d'amandes en font un dessert particulièrement apprécié avec un café oriental.

Les ingrédients magiques

300 g de semoule fine
150 g d'amandes en poudre
150 g de sucre en poudre
1 sachet de levure chimique
150 g de yaourt grec
3 œufs
120 g de beurre fondu
1 cuil. à café d'eau de fleur d'oranger
Amandes entières pour la décoration

Pour le sirop

200 ml d'eau
250 g de sucre en poudre
2 cuil. à soupe d'eau de fleur d'oranger
Le jus de **½** citron

LA RECETTE

La pâte

Mélange dans un saladier la semoule et la poudre d'amande. Incorpore le sucre et la levure. Ajoute le yaourt et les œufs. Verse le beurre fondu tiède. Parfume avec la fleur d'oranger.

La cuisson

Verse la préparation dans un moule préalablement beurré. Trace des losanges à la surface. Place une amande au centre de chaque losange. Enfourne à 180 °C pour 35 minutes.

Le sirop

Prépare le sirop pendant la cuisson. Fais bouillir dans une casserole l'eau et le sucre 10 minutes. Ajoute la fleur d'oranger et le jus de citron. Verse sur le gâteau chaud.

Conservation

Se garde 4-5 jours à température ambiante.

ASTUCES

Les erreurs à éviter

- Une semoule trop grossière.
- Un sirop trop épais.
- Une cuisson trop forte.
- Un démoulage trop rapide.

Petits secrets de chef

- La semoule doit être fine.
- Le sirop versé sur le gâteau chaud.
- Les losanges tracés avant cuisson.
- Une cuisson dorée mais pas trop.

Une astuce bonus ?

- Ajoutez une pincée de mahlab (épice orientale) dans la pâte pour plus d'authenticité.

Préparation : 45 min

Cuisson : 25 min

Pour 8 personnes

LA TARTE À LA PÂTE FILO
et crème de pistache

Cette tarte est mon clin d'œil à la rencontre entre la pâtisserie française et les saveurs orientales. Fine et croustillante comme les ailes d'un papillon, la pâte filo enveloppe une crème de pistaches onctueuse qui rappelle les douceurs du Moyen-Orient.

Pour la crème de pistaches

200 g de pistaches crues non salées
150 g de sucre en poudre
200 g de beurre
3 œufs
30 g de farine
1 pincée de sel

Pour le montage

12 feuilles de pâte filo
150 g de beurre clarifié fondu

Pour le dressage

Pistaches concassées
Sucre glace

LA RECETTE

La crème de pistache

Dans un mixeur, mixe finement les pistaches avec le sucre. Travaille le beurre en pommade dans un saladier. Incorpore les œufs un à un. Ajoute la poudre de pistache. Termine par la farine et le sel. Mélange.

Le montage

Beurre chaque feuille de filo. Superpose 6 feuilles pour le fond dans un plat à tarte ou à gratin. Verse dessus la crème de pistache. Recouvre de 6 feuilles beurrées. Roule les bords pour former un rebord.

La cuisson

Préchauffe le four à 180 °C. Badigeonne de beurre fondu la tarte. Enfourne 25 minutes.La tarte doit être dorée et croustillante.

Le dressage

Saupoudre de sucre glace et décore de pistaches concassées juste avant de servir.

Conservation

À déguster le jour même pour le croustillant.

ASTUCES

Les erreurs à éviter

- Des feuilles de filo sèches.
- Une crème trop liquide.
- Un four trop chaud.
- Un découpage avant refroidissement.

Petits secrets de chef

- Les pistaches fraîchement moulues.
- La pâte filo toujours couverte.
- Le beurre bien fondu mais pas chaud.
- Une dorure uniforme.

Une astuce bonus ?

- Parfume la crème avec une pointe d'eau de rose pour plus d'exotisme.

LE BAKLAVA,

une histoire de goût retrouvé

C'est drôle comme les goûts évoluent avec le temps. Tout comme le kouign-amann breton, avec ses couches de pâte feuilletée caramélisée au beurre salé, le baklava m'a d'abord semblé trop riche, trop sucré. Puis un jour, la révélation. Ces fines feuilles de filo croustillantes, ce mélange de fruits secs, ce sirop parfumé… J'ai compris que ces deux desserts, bien que venant de traditions différentes, partagent cette même recherche de texture feuilletée et de saveurs caramélisées.

Préparation : 45 min | Cuisson : 35 min | Repos : 4 h | Pour 24 pièces

LA RECETTE

La préparation

Hache finement les fruits secs. Mélange-les dans un saladier avec la cannelle, la cardamome et le zeste e citron. Fais fondre le beurre clarifié dans une casserole à feu doux. Prépare un plat rectangulaire. Garde les feuilles de filo sous un torchon humide.

Le montage (comme un millefeuille)

Badigeonne chaque feuille de filo de beurre. Superpose 8 feuilles dans le plat. Étale un tiers du mélange de fruits secs. Répète l'opération deux fois. Termine par 8 feuilles beurrées. Découpe en losanges avant cuisson.

Le sirop parfumé

Fais bouillir dans une casserole l'eau, le sucre et les épices. Ajoute le miel. Parfume à la fleur d'oranger. Mélange et laisse refroidir complètement.

La cuisson

Préchauffe le four à 160 °C. Enfourne 35 minutes. Le baklava doit être doré. Verse le sirop froid sur le baklava chaud. Laisse reposer 4 heures minimum.

Le dressage

Dispose les losanges dans une belle assiette, parsemés de pistaches concassées.

Conservation

Se garde 1 semaine dans une boîte hermétique.

Pour les couches

400 g de noix mixtes (noix, pistaches, amandes)

1 cuil. à café de cannelle moulu

1 pincée de cardamome moulue

Le zeste de **1** citron

300 g de beurre clarifié

24 feuilles de pâte filo

Pour le sirop

250 ml d'eau

200 g de sucre en poudre

1 bâton de cannelle

3 clous de girofle

400 g de miel

2 cuil. à soupe d'eau de fleur d'oranger

Pour le dressage

Pistaches concassées

ASTUCES

Les erreurs à éviter

- Des feuilles de filo sèches.
- Un hachage trop fin des fruits secs.
- Un sirop trop chaud.
- Une découpe après cuisson.

Petits secrets de chef

- Le beurre doit être généreusement utilisé.
- Les fruits secs finement hachés mais pas en poudre.
- Le sirop doit être froid et le baklava chaud.
- La patience est la clé.

Une astuce bonus ?

- Comme pour le kouign-amann, le repos est essentiel pour que les saveurs se développent parfaitement.

Préparation : 40 min

Cuisson : 30 min

Pour 8 personnes

À Jérusalem, le knafeh est une véritable institution. Ce dessert, avec sa croûte de kadaïf dorée et son cœur de fromage fondant, est le symbole même du réconfort. Vous découvrirez la magie, ce moment où le fromage s'étire en fils soyeux quand on découpe la première part encore chaude.

LE KNAFEH, le dessert qui réchauffe les cœurs

Pour la base

500 g de kadaïf (cheveux d'ange)
300 g de beurre clarifié
Colorant alimentaire orange (traditionnel)

Pour la garniture

500 g de fromage akkawi (ou mozzarella non salée)
200 g de mascarpone
2 cuil. à soupe d'eau de fleur d'oranger

Pour le sirop

300 g de sucre en poudre
200 ml d'eau
1 cuil. à soupe d'eau de fleur d'oranger
Quelques gouttes de jus de citron

Pour le dressage

Pistaches concassées

LA RECETTE

La préparation du kadaïf

Défais délicatement les fils. Mélange dans un saladier avec le beurre clarifié. Ajoute quelques gouttes de colorant. Travaille jusqu'à obtenir une coloration uniforme.

Le mélange de fromages

Râpe l'akkawi finement. Mélange-le dans un saladier avec le mascarpone. Parfume avec la fleur d'oranger. Réserve à température ambiante.

Le montage

Tapisse un moule rond des deux tiers du kadaïf. Presse bien pour former une base solide. Étale dessus le mélange de fromages. Recouvre du reste de kadaïf.

La cuisson

Préchauffe le four à 180 °C. Cuis 30 minutes jusqu'à ce que le kadaïf soit bien doré. Retourne sur le plat de service.

Le dressage

Sers chaud nappé de sirop et parsemé de pistaches concassées.

Conservation

À déguster le jour même, tiède de préférence.

ASTUCES

Les erreurs à éviter

- Un kadaïf trop sec.
- Un fromage trop salé.
- Une cuisson trop forte.
- Un sirop trop épais.

Petits secrets de chef

- Le kadaïf doit être à température ambiante.
- Le fromage ne doit pas être trop froid.
- La cuisson doit être surveillée.
- Le sirop doit être versé dès la sortie du four.

Une astuce bonus ?

- Certains ajoutent une fine couche de semoule fine entre le kadaïf et le fromage pour plus de texture.

LES LOUKOUMADES

de ma belle-mère Nafsika

Dans la cuisine de ma belle-mère, la préparation des loukoumades est un véritable rituel du dimanche après-midi. Nafsika, avec ses gestes précis hérités de sa propre mère, transforme des ingrédients simples en petites merveilles dorées. « Les loukoumades », dit-elle avec son accent inimitable en versant délicatement la pâte dans l'huile chaude, « c'est comme l'amour d'une mère. » L'odeur de miel et de cannelle embaume et nous attire vers sa cuisine, ces beignets n'ont généralement pas le temps d'arriver à table.

Préparation : 30 min | Pousse : 1 h 30 | Cuisson : 20 min | Pour 6 personnes (environ 30 beignets)

Pour la pâte (la recette de Nafsika)

2 sachets de levure de boulanger

350 ml d'eau tiède

2 cuil. à soupe de sucre en poudre

500 g de farine tamisée (« toujours tamisée », insiste-t-elle)

1 pincée de sel

2 cuil. à soupe d'huile d'olive de Kalamata

Pour le nappage

300 g de miel de thym grec

100 ml d'eau

1 bâton de cannelle

Huile pour la friture

Pour le dressage

Cannelle en poudre

Noix du Péloponnèse concassées

LA RECETTE

La pâte (selon sa technique)

Dans un saladier, dilue la levure dans l'eau tiède. Ajoute le sucre et laisse mousser 10 minutes. Incorpore la farine tamisée en pluie. Ajoute le sel et l'huile d'olive. Pétris avec amour pendant 10 minutes. Couvre d'un linge brodé (celui de sa mère). Laisse pousser 1 h 30 près du radiateur.

Le sirop au miel (son secret)

Fais chauffer le miel avec l'eau dans une casserole. Ajoute le bâton de cannelle. Garde au chaud au bain-marie (« jamais trop chaud, jamais trop froid »).

La cuisson (le moment crucial)

Chauffe l'huile à 170 °C dans une casserole (« quand une goutte d'eau danse à la surface »). Forme des petites boules avec deux cuillères mouillées. « Pas plus de 6 dans l'huile à la fois », comme elle dit. Tourne délicatement jusqu'à obtenir une dorure parfaite.

Le dressage à sa façon

Dispose les beignets en pyramide, arrose généreusement de miel chaud, saupoudre de cannelle et parsème de noix. « Comme une couronne de bijoux » », dit-elle en souriant.

Conservation

« Les loukoumades, c'est comme le bonheur, ça se partage tout de suite ! »

ASTUCES

Les erreurs qu'elle ne pardonne pas

- Une pâte travaillée avec précipitation.
- Une huile pas assez chaude.
- Des beignets trop serrés dans la friture.
- Un nappage sans générosité.

Les secrets de Nafsika

- La pâte doit être souple comme un oreiller.
- L'huile doit chanter, pas crier.
- Les beignets doivent danser dans l'huile.
- Le miel doit couler comme une rivière d'or.

Une astuce de Nafsika ?

- Elle ajoute parfois un peu de zeste des oranges du jardin dans la pâte, « pour réveiller les souvenirs d'enfance ».

Préparation : 20 min | Cuisson : 15 min | Réfrigération : 4 h | Pour 6 personnes

LE MOUHALABIEH,

douceur parfumée du Levant

Dans la cuisine levantine, le mouhalabieh est le dessert qui apaise les chaudes soirées d'été. Ce flan délicat, parfumé à la fleur d'oranger, est l'équilibre parfait entre onctuosité et légèreté. La fleur d'oranger, cette douce amie, peut s'avérer une ennemie en cuisine si elle est trop dosée. Cet équilibre est le secret de la réussite du mouhalabieh.

Pour le flan

80 g de fécule de maïs
1 l de lait entier
60 g de sucre en poudre
1 pincée de sel fin
2 cuil. à soupe d'eau de fleur d'oranger
1 cuil. à café d'eau de rose

Pour le dressage

2 cuil. à soupe de miel liquide
50 g de pistaches concassées
Pétales de roses séchées

LA RECETTE

La préparation

Dilue dans un bol la fécule de maïs dans un peu de lait froid. Fais bouillir dans une casserole le reste du lait avec le sucre et le sel. Verse en filet sur la Maïzena en fouettant. Remets dans la casserole à feu doux. Fouette constamment jusqu'à épaississement.

La finition

Retire du feu. Ajoute les eaux parfumées. Verse dans des ramequins. Laisse refroidir et mets au réfrigérateur 4 heures minimum.

Pour le dressage

Démoule délicatement. Nappe de miel, parsème de pistaches et décore de pétales de roses.

Conservation

Se garde 48 heures au réfrigérateur.

ASTUCES

Les erreurs à éviter

- Un lait trop chaud sur la fécule de maïs.
- Fouetter irrégulièrement.
- Trop d'eau de fleur d'oranger ou d'eau de rose.
- Une réfrigération insuffisante.

Petits secrets de chef

- Le fouet ne doit jamais s'arrêter.
- La texture doit être soyeuse.
- Les parfums doivent être subtils.
- La réfrigération est essentielle.

Une astuce bonus ?

- Parfume le lait avec une gousse de vanille pendant la cuisson.

Préparation : 45 min

Repos : 30 min

Cuisson : 30 min

Pour 8 personnes

Dans nos cuisines méditerranéennes, nous avons voulu réinventer la traditionnelle galette des Rois en lui donnant un accent ensoleillé. Cette version, qui marie la tradition française du feuilletage avec les parfums de la Méditerranée — orange, amande et vanille — est devenue l'une de nos signatures au-delà de la période de l'Épiphanie.

LE GÂTEAU À L'ORANGE

et aux amandes de Yalah

Pour la galette

60 g de beurre doux à température

100 g de sucre en poudre

150 g de poudre d'amande complète

1 gousse de vanille

2 œufs

1 cuil. à café de rhum

Le zeste et le jus de **1** orange bio

2 pâtes feuilletées

1 fève

Pour la dorure

1 œuf

1 cuil. à café de jus d'orange

Sucre glace

LA RECETTE

La crème d'amande parfumée

Fouette le beurre mou avec le sucre dans un saladier. Incorpore la poudre d'amande. Ajoute les graines de vanille. Intègre les œufs un à un. Parfume avec le rhum. Ajoute le zeste et le jus d'orange.

Le montage

Étale la première pâte feuilletée sur une plaque allant au four. Pique-la à la fourchette. Étale la crème d'amandes sur 4 cm. Laisse 3 cm de bordure. Place la fève. Humidifie les bords. Recouvre de la seconde pâte feuilletée. Soude les bords à la fourchette.

La finition

Dore à l'œuf mélangé au jus d'orange. Réfrigère pendant le préchauffage du four. Dessine des motifs sans percer. Redore avec le mélange enrichi de sucre glace. Fais cuire pendant 30 minutes.

Le dressage

Sers tiède pour que les saveurs s'expriment pleinement.

Conservation

Se garde 2 jours à température ambiante.

ASTUCES

Les erreurs à éviter

- Une crème trop liquide.
- Des bords mal soudés.
- Un four pas assez chaud.
- Une dorure oubliée.

Petits secrets de chef

- La pâte doit être bien froide.
- Le beurre à température parfaite.
- Les bords bien soudés.
- La double dorure est essentielle.
- Vous pouvez la fourrer avec de la crème pâtissière pour plus de gourmandise.

Une astuce bonus ?

- Ajoute un peu d'eau de fleur d'oranger dans la crème d'amande pour plus de parfum méditerranéen.

Le sirop de grenade maison

Préparation : 20 min

Repos : 2 h

Pour 6 personnes

LA LIMONADE À LA FLEUR D'ORANGER,

un coucher de soleil en bouteille

Quand le soleil descend sur la Méditerranée, peignant le ciel de rose et d'or, c'est l'heure de cette limonade magique. Le parfum délicat de la fleur d'oranger se mêle à l'acidité des citrons, comme une brise du soir qui porterait les senteurs des jardins d'agrumes de la côte. Même loin de la mer, chaque gorgée vous transporte sur une terrasse face aux vagues, dans cette lumière dorée si particulière du crépuscule méditerranéen.

Les ingrédients magiques

100 g de sucre de canne
1 l d'eau minérale
3 cuil. à soupe d'eau de fleur d'oranger
6 citrons jaunes bio
2 citrons verts bio
2 oranges bio

Pour le service

Glaçons
Quelques feuilles de menthe fraîche
Fleurs d'oranger fraîches pour la décoration (en saison)

LA RECETTE

Le sirop parfumé

Prépare un sirop avec le sucre et 200 ml d'eau dans une casserole à feu doux. Laisse refroidir. Ajoute l'eau de fleur d'oranger. Réserve au frais.

Les agrumes

Presse les citrons et oranges. Filtre le jus. Garde quelques zestes. Réserve au frais.

L'assemblage

Mélange le sirop et les jus. Ajoute l'eau minérale restante. Ajuste la douceur en ajoutant du sucre si besoin. Laisse infuser au frais.

Le service

Dans de grands verres, avec des glaçons, une feuille de menthe et un zeste d'agrume.

ASTUCES

Les erreurs à éviter

- Trop de fleur d'oranger.
- Des agrumes trop froids.
- Un sirop trop sucré.
- Des glaçons qui noient les saveurs.

Petits secrets de chef

- Les agrumes doivent être bio.
- La fleur d'oranger de qualité.
- Le repos au frais est essentiel.
- Le service très frais mais pas glacé.

Une astuce bonus ?

- Ajoute quelques gouttes d'eau de rose pour plus de magie orientale.

Préparation : 10 min

Repos : 15 min

Pour 4 personnes

LE COCKTAIL AU RAKI ET AGRUMES,

l'esprit de l'Égée

Dans les tavernes des îles grecques comme dans les *meyhanes* d'Istanbul, le raki (ou ouzo) se transforme avec le coucher du soleil. J'ai transformé cette recette, bousculé la tradition, je l'ai enrichie d'agrumes, pour apporter une fraîcheur contemporaine. Quand l'anis rencontre les notes d'agrumes, c'est toute la magie des soirées méditerranéennes qui opère.

Les ingrédients magiques

Glaçons
200 ml de raki ou ouzo
150 ml de jus de pamplemousse frais
100 ml de jus d'orange sanguine
50 ml de sirop de romarin (voir la recette ci-dessous)
Zestes d'agrumes

Pour le sirop de romarin

100 g de sucre en poudre
100 ml d'eau
2 brins de romarin frais

Pour le service

Glaçons
Eau gazeuse fraîche
Romarin frais
Zestes d'agrumes

LA RECETTE

Le sirop de romarin

Fais bouillir dans une casserole l'eau et le sucre. Ajoute le romarin. Laisse infuser 15 minutes. Filtre et refroidis.

Le mélange

Dans un shaker avec des glaçons, verse le raki. Ajoute les jus d'agrumes. Complète avec le sirop. Secoue énergiquement.

Le service

Verse dans des verres hauts avec des glaçons. Complète d'eau gazeuse. Observe la transformation laiteuse. Décore de romarin et de zestes d'agrumes.

ASTUCES

Les erreurs à éviter

- Trop de sirop qui masquerait le raki.
- Des jus pas assez frais.
- Trop d'eau gazeuse.
- Un mélange trop anticipé.

Petits secrets de chef

- Les agrumes pressés au dernier moment.
- Le raki bien frais.
- L'eau gazeuse glacée.
- Le service immédiat.

Une astuce bonus ?

- Ajoute une fine tranche de concombre pour plus de fraîcheur.

Macération : 4 h minimum

Préparation : 20 min

Pour 8-10 personnes

LA SANGRIA

aux fruits d'été de Yalah

Dans les soirées d'été, quand la chaleur de la journée laisse doucement place à la fraîcheur du soir, notre sangria fait son entrée. Voici une version élégante et raffinée, où les fruits gorgés de soleil se marient aux épices douces et au bon vin. Une recette qui transforme chaque service en petit moment de fête méditerranéenne.

Les ingrédients magiques

2 pêches jaunes
2 nectarines
2 oranges
2 citrons bio
1 grappe de raisins blancs
1 pomme verte
Quelques fraises (en saison)
20 cl de cognac
2 bâtons de cannelle
3 étoiles de badiane
4 gousses de cardamome
Le zeste de **1** orange bio
2 bouteilles de vin rouge espagnol (tempranillo ou garnacha)
2 cuil. à soupe de sucre de canne

Pour le service

Eau gazeuse bien fraîche
Menthe fraîche
Quelques grains de raisin congelés

LA RECETTE

La préparation (4 h avant)

Coupe les fruits en morceaux généreux. Fais macérer dans le cognac, les épices et le zeste d'orange. Ajoute le vin et le sucre. Laisse reposer au frais.

L'assemblage

Filtre les épices. Ajuste la douceur en ajoutant du sucre. Garde quelques fruits frais pour le service. Maintiens au frais.

Le service

Remplis les verres de fruits. Verse la sangria. Complète d'un trait d'eau gazeuse. Ajoute les grains de raisin congelés et quelques feuilles de menthe.

ASTUCES

Les erreurs à éviter

- Un vin de mauvaise qualité.
- Des fruits trop mûrs.
- Une macération trop courte.
- Trop d'eau gazeuse.

Petits secrets de chef

- Les fruits doivent être mûrs mais fermes.
- Le vin de qualité est essentiel.
- La macération fait la différence.
- Le service très frais mais pas noyé de glaçons.

Préparation : 30 min

Cuisson : 45 min

Pour 1 l

LE SIROP DE GRENADE MAISON

Ce sirop rubis est un trésor liquide.
Sa couleur profonde et son goût à la fois sucré et légèrement acidulé en font un ingrédient polyvalent, parfait pour nos cocktails, desserts et même certaines sauces.

Les ingrédients magiques

6 grenades bien mûres
250 ml d'eau
500 g de sucre en poudre
Le zeste de **1** citron bio
1 bâton de cannelle (facultatif)

LA RECETTE

L'extraction du jus

Coupe les grenades en deux. Extrais les grains délicatement. Presse dans un chinois. Filtre le jus obtenu.

La réduction

Mélange le jus, l'eau et le sucre dans une casserole. Ajoute le zeste de citron. Porte à ébullition Réduis à feu doux et laisse cuire 45 minutes. Le sirop doit napper la cuillère.

Conservation

6 mois dans des bouteilles stérilisées.
3 semaines au frais après ouverture.

ASTUCES

Petits secrets de chef

- Les grenades doivent être bien mûres.
- La réduction lente et régulière.
- Un filtrage soigneux.
- Une stérilisation parfaite des bouteilles.

Utilisations

- Dans les cocktails.
- Sur les salades de fruits.
- Pour napper les desserts.
- Dans les vinaigrettes.

Les boissons

Remerciements

À mes enfants, **Zoé, Ambre, Salomé et Samuel.** Vous êtes le soleil de ma vie, chaque fois que je vous regarde mon cœur fait des bonds, je vous aime du plus profond de mon âme !

À ma mère, **Michèle**, la mama (je suis là).

À mon père, **Gérard**, le patriarche, et sa femme, **Patricia.**

À ma grand-mère chérie, **maman Fanny**, qui veille sur moi de là-haut avec grand-papa.

À tous mes neveux et nièces que j'adore, **David, Simon, Alexandre, Zachari, Ellie-Hanna, Raphaela, Elliot, Shana, Mimi, Shayne Junior, Sasha, Suzanne, Elyah** et **Jonas** !

À **Léonor** qui m'a donné deux enfants.

À mon ex-femme **Joanne**, ma meilleure amie, qui m'a donné aussi deux enfants (mes aînées).

À **Nafsika**, la meilleure des belles-mères et une cuisinière hors pair !

À **Joe**, mon papa d'adoption, que j'admire, *I don't know how you did it but you did it* ! *I love you !*

Esther, Michele, Patricia, Loulou, Laurent et Gian, parti trop tôt... Vous êtes de ma famille, toujours !

Aux autres, les ashké, **Margaret, Clémentine, Ben, Priscilla, Mickael, Dimitri et Myrtil.**

Voilà, cher lecteur, si tu as lu jusqu'ici, tu l'auras compris, la famille pour moi est ce qu'il y a de plus sacré, alors à tous, cousines, cousins... des milliards de bisous !

À **Willy.** Il est puissant, le chef !
Et évidemment à mes amis qui se reconnaîtront, mais dont la liste serait trop longue à rédiger et la peur d'en oublier trop grande.

À **Ali** évidemment, mon ami, une des belles rencontres de la vie, et à tous les auditeurs de France Inter qui nous suivent !

À toutes **mes équipes** de OnePlace.

Aux **éditions Leduc**, merci pour votre confiance.

À **Ronite**, une autre belle rencontre sans qui ce livre n'aurait pas vu le jour !

REJOIGNEZ NOTRE COMMUNAUTÉ DE LECTEURS !

Inscrivez-vous à notre newsletter et recevez des informations sur nos parutions, nos événements, nos jeux-concours… et des cadeaux !

Rendez-vous ici : **bit.ly/newsletterleduc**
Retrouvez-nous sur notre site **www.editionsleduc.com** et sur les réseaux sociaux.

Leduc s'engage pour une fabrication écoresponsable !
« Des livres pour mieux vivre », c'est la devise de notre maison. Et vivre mieux, c'est vivre en impactant positivement le monde qui nous entoure ! C'est pourquoi nous avons fait le choix de l'écoresponsabilité. Pour en savoir plus, rendez-vous sur notre site.

Conseil éditorial : Ronite Tubiana
Préparation de copie : Isabelle Raimond
Correction : Audrey Peuportier
Design de couverture et maquette intérieure : Studio BDAG
Photographies : © Betül Balkan
Stylisme : Alicia Moret

Nous remercions Géraldine Pinault, céramiste, qui nous a prêté certaines de ses créations.

76, boulevard Pasteur
75015 Paris – France
ISBN : 979-10-285-3415-8

Cet ouvrage est composé de matériaux issus de forêts bien gérées certifiées FSC®, de matériaux recyclés et de matériaux issus d'autres sources contrôlées.

FSC www.fsc.org
MIXTE
Papier issu de sources responsables
FSC® C007507

Achevé d'imprimer en avril 2025 par Macrolibros
Dépôt légal : mai 2025

Imprimé en Espagne